다음 세대를 생각하는
인문교양 시리즈

우리 마음속에는 저마다 숲이 있다

자연에서 배우는 삶의 지혜

황경택 지음

샘터

숲을 읽어드립니다

저는 만화가이자 숲해설가입니다. 만화가는 따로 설명하지 않아도 잘 알 테고, 숲해설가는 조금 낯선 직업이죠? 말 그대로 숲을 해설해주는 사람입니다. 야구를 보는 사람들이 경기 흐름을 쉽게 이해할 수 있도록 설명해주는 야구해설가처럼 숲해설가도 우리가 자연을 산책할 때 도와주는 사람이에요. 혼자 자연을 거니는 것도 좋지만 자연의 구석구석을 잘 아는 사람과 함께라면 좀 더 편안하고 깊이 있게 산책을 즐길 수 있겠죠. '숲을 읽어준다'라고도 해서 저를 소개할 때 이렇게 말하기도 합니다.

"안녕하세요. 저는 '숲 읽어주는 사람'입니다."

저는 그림 그리기도 좋아합니다. 만화가니까요. 평소 숲에 나갈 때면 스케치북을 들고 가서 주변에서 관찰할 수 있는 신기하거나 멋진 것을 그리기도 합니다. 그렇게 해서 알게 된 사실을 만화로 그리거나 숲을 해설할 때 이야기하지요. 글로 써서 책을 내기도 하고요.

숲 해설interpret은 숲속 생물들을 잘 분류하고 연구한 다음 그것을 사람들에게 알려주는 일이 아닙니다. 숲속 생물들의 삶과 그들이 하는 이야기를 먼저 깊이 이해하고 인간의 이야기로 바꿔서 통역해 주는 일이에요. '자연과학의 인문학적 해석'이라고 할까요.

숲속 생물들이 가진 삶의 전략이나 가치는 결코 우리와 동떨어진 이야기가 아닙니다. 오히려 아주 가깝게 연결되어 있어요. 이런 이야기들을 잘 전달하기 위해서는 자연과 관련된 여러 가지 지식을 쌓기보다는 자연을 어떻게 바라볼 것인지 고민하는 자세가 필요합니다.

저는 이 책을 통해 저마다의 관점으로 자연을 읽어내고 이해하는 방법에 대해서 주로 말하려고 합니다. 전문가의 입장에서 동식물의 분류학적인 접근이나 효능, 이름의 유래 같은 것은 이야기하지 않을 거예요. 아주 깊은 숲속에 사는 희귀종은 당연히 등장하지 않습니다. 자연에서 볼 수 있는 모든 것을 다 담으려고 하지 않았거든요.

대신 이 책에는 우리가 가까운 곳에서 산책하며 쉽게 만날 수 있는 생물들이 등장합니다. 그들이 가진 이야기 중에 여러분이 알고 있으면 좋을 법한 것을 몇 가지 골라봤어요.

물론 여기 적어 놓은 제 이야기를 모두 이해하고 따라 할 필요는 없습니다. 어차피 세상은 자기 마음대로 사는 거니까요. '나' 말고 다른 사람 말은 좀 안 들어도 됩니다. 다만 내가 살아가는 데 도움이 될 만한 부분이 있으면 참고하고 활용하면 되죠.

제 이야기를 듣고 지금까지 살아오면서 가졌던 자신의 신념이나 관점을 다시 한번 돌아보고 고민해본다면 그걸로 족합니다. 이 책이 여러분에게 조금이라도 좋은 변화를 선물하기를 바랍니다.

2018년 끝자락에

| 강아지풀

| 차 례 |

5장. 잘못된 것을 인정해야 더 잘못되는 것을 막을 수 있다

6장. 잘나지 않아도 괜찮아

7장. 혼자 사는 생명은 없다

8장. 다르게 보기

1장.

나를 만나는 숲

나무 이름쯤은 몰라도 돼

우리는 대개 도심에 살지만 '자연'이라는 단어를 자주 접합니다. 특히 요즘에는 자연에 대한 관심이 많아져서 '친자연' '유기농' '천연' 등 다양한 표현을 사용하기도 하죠. 또 주말처럼 여유가 생기면 '자연으로 떠나'서 휴식을 즐기자는 말을 하기도 합니다. 그런데 이 '자연'이라는 말이 일본 사람이 영어 'nature'를 한자로 번역해서 생겼다는 사실을 아시나요? 처음부터 있었던 말은 아닌 거죠. 어쩌면 너무 당연해서 굳이 이름을 붙이지 않았을 수도 있습니다. 그런데 어째서 갈수록 자연을 중요시하게 되었을까요? 왜 우리는 자연을 알아야 하고 소중히 대해야 할까요?

인간은 자연에서 태어났고 자연 안에서 살아온 시간이 워낙 깁니다. 지금은 주로 도시에 살고 있지만요. 물론 도심에 살면 편리합니다. 돈을 벌 수 있는 일을 찾기도 쉽고, 다양한 문화생활을 즐길 수 있지요. 그러면서 과거와 비교하면 삶이 안정되고 편해졌다는 이야기를 많이 합니다. 그런데 신기하게도 행복지수는 나날이 떨어지고 있다고 해요. 그 이유는 과연 어디에 있을까요?

사람마다 행복에 대한 기대치와 생각은 당연히 다릅니다. 하지만 분명 잘살게 된 것은 맞는데, 우울증을 앓는 사람이 늘고 자살률도 매년 높아지고 있어요. 범죄도 날로 흉악해지고요. 이런 현상을 '인간성 상실'이라고도 합니다.

그 원인을 한 가지로 꼭 집을 수는 없겠지만 자연에서 멀어져 도시에 살게 된 것도 크게 작용했으리라 봅니다. 아무래도 도시에서의 삶이 행복하기만 한 것은 아닌가 봐요. 그래서인지 요즘에는 도시에 살더라도 자연을 가까이하는 게 좋겠다는 생각에 부러 자연체험교육이나 자연놀이 등 자연과 함께하는 활동을 찾는 사람들이 늘고 있습니다.

그런데 막상 자연을 체험하려고 하니 걱정되는 게 있대요. 말벌이나 뱀 같은 위험한 동물들이나 모기처럼 우리를 귀찮게 하는 동물, 애벌레나 지렁이 같은 징그러운 동물들이 나올까 봐 무섭다나요.

또 풀, 꽃, 나무 이름을 모른다는 겁니다. 나무를 몇 번 봐도 그 이름이 도통 생각이 안 나고 헷갈리는 거예요. 영어 단어를 열심히 외웠는데 다시 물으면 생각나지 않는 것처럼 나무 이름 외우는 게 공부처럼 어려우니 숲에 가는 게 재미가 없는 거죠.

숲해설가 중에서도 나무 이름이나 곤충 이름을 잘 외워야 나중에 해설을 잘할 텐데 그 종류가 워낙 많으니 다 외우기가 힘들고 공부하기가 어려워서 중도 포기하는 분들이 계십니다.

감나무, 은행나무, 벚나무, 느티나무 정도는 알겠는데 졸참나무, 신갈나무, 개옻나무, 물푸레나무, 당단풍나무 이런 나무들은 언뜻 보아서 맞는지 아닌지 알기가 어렵거든요.

그런데 숲에 가면 이런 나무들의 이름을 알아야 할까요? 우리가 알고 있는 나무의 이름이 나무의 진짜 이름인지 아닌지부터 생각해 봅시다.

여러분은 모두 이름을 갖고 있지요? 제 이름은 황경택입니다. 류현수, 구소연 등등 인간은 저마다 이름을 가지고 있어요. 그렇다면 혹시 생물학적으로 우리를 분류할 때 어떤 학명으로 분류가 되는지 아시나요?

우리는 사람'과' 사람'속' 사람'종'입니다. 다른 말로 호모사피엔스 사피엔스라고 하죠. 네안데르탈인은 호모사피엔스이고 현생 인류는 호모사피엔스 사피엔스입니다. 이 학명을 우리말로 하면 '사람'이지요.

| 느티나무

즉, 옆에 있는 친구도 사람, 나도 사람, 그 옆에 있는 친구도 사람, 그 친구의 부모님도 사람, 남자도 사람, 여자도 사람, 모두 사람입니다. '이러이러'한 공통적인 특징을 가진 생명체를 '이렇게' 부르기로 하자고 약속한 것이 학명이에요.

우리가 숲에서 만나는 나무들도 학명이 있습니다. 느티나무는

Zelkova serrata (Thunb.) Makino라고 하고 우리말로는 '느티나무'라고 하죠. 즉, 우리가 부르는 나무 이름들은 모두 학명입니다. 마치 우리를 보고 사람이라고 부르는 것과 마찬가지예요.

우리에게 저마다 이름이 있듯이 나무에도 어쩌면 저마다의 이름이 있을지도 모릅니다. 나무가 이야기해주기 전까지 우리는 그 나무의 진짜 이름을 모르는 거죠. 느티나무는 학명이고 내 앞에 있는 이 느티나무의 진짜 이름은 알 수가 없습니다.

어차피 우리가 알고 있는 게 나무의 진짜 이름도 아닌데 굳이 그 이름을 알려고 하거나 외울 필요가 있을까요? 식물학자가 되려는 사람은 공부해야 하니 학명을 외워야 하지만 보통 사람들은 굳이 그 학명을 알 필요는 없어요.

숲에 가서 나무 이름을 외우는 거 말고 무엇을 해야 하냐고요? 그냥 나무랑 친구가 되세요. 나무와 친구가 되는 방법은 많아요. 제일 쉬운 방법은 내 친구 나무를 하나 정하는 겁니다.

어떻게 친구 나무를 만들까요? 아주 간단해요. 먼저 숲에 갑니다. 나무가 많으니까요. 학교나 공원도 좋습니다. 나무 중에 이상하게 자꾸 눈에 띄는 나무가 있을 거예요. 눈에 밟힌다고 하죠? 그런 나무에게 가서 나무를 꼭 껴안고 눈을 감으세요. 그리고 나무에게 "안녕? 내 이름은 ○○○이야. 네 이름은 뭐니?" 하고 이야기한 다음 가만히 귀를 대고 있어 보세요. 나무가 자기 이름을 알려 줄 겁니다.

만약 나무가 아무 말도 안 하면 아직 내가 나무 말을 못 듣는구나 하고 그냥 나무에게 어울릴 만한 이름을 하나 지어주세요. 이름을 지어주고 나면 그 나무가 달리 보여요. 더 눈에 띄고 마음이 가죠. 그래서 더 자세히 보게 돼요. 그렇게 매일매일 친구 나무를 살펴보다 보면 일 년 동안 나무의 모습이 어떻게 달라지는지 알 수 있어요. 나무만이 아니라 돌멩이, 풀, 거미, 매미와도 이렇게 친해지면 됩니다.

자연은 이름을 외우고 공부하는 것보다 이렇게 가까워지는 게 더 중요해요. 나무 이름 같은 건 몰라도 되니 우선 그냥 숲에 가보세요. 숲에 가면 아무 생각을 하지 않아도 마음이 편해지고 왠지 건강해지는 기분이 듭니다.

살아가다 보면 가끔 '원래 이러려고 한 게 아닌데 왜 자꾸 엉뚱한 것에 열중하고 목숨을 걸지?' 하는 생각이 들 때가 있습니다. 저에겐 대학이 그래요. 대학을 가는 이유는 좀 더 넓은 학문의 세계로 들어가서 깊이 공부하기 위해서잖아요. 돈을 벌고 싶으면 대학을 가지 않고 장사를 하거나 사업을 하면 됐었죠.

그런데 이제는 돈을 벌기 위해 대학을 갑니다. 돈을 더 많이 벌려고 더 좋은 대학을 가죠. 이상하지 않나요? 대학을 가지 않으면 이상한 눈길을 보냅니다. 그런 눈초리가 싫어서 대학에 가기도 하죠.

이렇게 원래 목적과는 다른 방식으로 흘러가는 일이 세상에는 아주 많습니다. 그럴 땐 다시 한번 마음을 가다듬고 원래 목적이 무엇인지, 자신이 왜 어떤 것을 선택하고 어떤 길을 가려고 했는지, 찬찬히 생각해보면 좋아요.

숲에 오면 그런 생각을 가다듬기에 제격입니다. 저도 마음이 심란하고 일의 가닥이 잘 잡히지 않을 때 집 뒤에 있는 산에 가곤 합니다. 제가 사는 곳이 서울 남산 아래라서 가기가 수월하거든요. 그래서 종종 남산에 가는데 신기하게도 다녀오면 마음이 정리되고 편해집니다. 오랜만에 땀도 좀 흘리면 기분도 상쾌해지고요.

조금 귀찮을 수도 있고 애벌레들도 징그럽지만, 용기 내서 한번 나가보세요. 분명히 기분이 좋아질 거예요. 이제껏 느끼지 못한 감정을 느끼게 될 겁니다. 고민거리도 한 발짝 떨어져서 보면 더 객관적으로 대처할 수 있고, 답이 잘 나타나기도 하거든요.

자연을 공부하지 말고 느끼자

숲에 들어서면 "이건 때죽나무, 이건 느릅나무, 이건 국수나무" 이렇게 나무 이름만 줄줄 말하고 가는 사람들이 있어요. 또는 "이건 간에 좋고, 저건 허리에 좋고, 요건 기관지에 좋고…" 이렇게 말하는 사람도 있고요. 그런 것들을 어떻게 알게 되었을까요? 아는 만큼 노력해서 공부했겠죠? 그런데 앞서 말했듯이 자연은 공부하는 것이 아니라 느끼는 곳입니다.

《침묵의 봄》이라는 책에서 살충제로 인해 벌레 소리도 새소리도 들리지 않는 침묵의 봄이 올 거라고 경고했던 생물학자 레이첼 카슨 Rachel Carson이 한 말을 들려줄게요.

그는 《자연, 그 경이로움에 대하여》라는 책에서 아이들에게 어떻게 자연의 고마움과 아름다움을 느끼게 할 것인지를 말합니다. 책에는 이런 구절이 나와요. "자연을 아는 것은 자연을 느끼는 것의 절반만큼도 중요하지 않다. 자연에서 알게 된 사실은 '씨앗'과 같다. 자연에서 느끼는 감정은 '기름진 토양'과 같다. 한번 만들어진 기름진 토양은 아이 곁을 평생 떠나지 않는 착한 요정이 될 것이다."

'감성의 차이'라는 말을 들어보셨나요? 예컨대 매미를 동화책에서만 본 아이와 직접 잡아본 아이의 감성은 분명 다를 겁니다. 경험이 다르니 당연한 거죠. 매미의 종류가 무엇인지, 매미는 어떻게 짝을 찾는지, 매미는 얼마나 땅속에 오래 있는지, 그런 것보다 그저 매미 소리를 듣고 매미를 손으로 잡아보고 느껴보는 것이 더 중요하다는 말입니다.

얼마 전에 어떤 숲해설가 선생님 한 분이 자기 가족 이야기를 하나 해주셨어요. 이 선생님의 아이는 숲을 정말 좋아했다고 해요. 그래서 아이가 아주 어릴 적부터 거의 매일 숲에 데리고 다녔대요. 그렇게 숲에 자주 다니던 아이가 초등학교 고학년이 되고 나서는 숲에 잘 나오지 않더니 중학생이 되자 거의 안 오게 됐답니다.

그러던 어느 날 가족끼리 숲에 갈 일이 생겼다고 해요. 오랜만에 숲에 가게 된 아이에게 엄마가 말했죠.

"이 나무 기억나지? 이 나무 꽃이 어떻게 생겼다고 했지?" "이 풀

기억나지? 이 풀을 어떤 곤충이 먹는다고 했지?" "이 나무는 소설가 누구랑 연관이 있다고 했지?" 어릴 적에 알려준 것들을 물었는데 신기하게도 단 하나도 대답하지 못했다고 해요.

"엄마. 나 정말 아무것도 생각이 안 나요"라고 말하는 아이의 말에 엄마는 실망해서 한숨을 쉬었답니다. 그런데 아이가 불현듯이 외쳤대요. "아! 하나 기억난다. 저 열매 버찌지? 맛있었는데."

아무리 좋아도 공부하듯 경험한 것은 기억에 잘 남지 않아요. 오감으로 직접 체험한 것들이 오래 남고 감성에 영향을 주죠. 그러니 여러분도 숲에 가거들랑 공부하려 하지 말고 그저 오감으로 느끼길 바랍니다. 눈, 코, 귀, 입, 손바닥이나 발바닥의 감각을 열어놓는 거죠. 재미 삼아 눈 체조, 코 체조를 하면 왠지 더 잘 보이는 것 같고 냄새도 더 잘 맡아지는 것 같아요.

집에서 숲까지 그냥 온 것 같지만 가만 생각해보면 발로 많은 땅을 밟고 걸어왔습니다. 낙엽을 밟을 때는 푹신하면서도 바스락거리는 감촉이 느껴집니다. 이끼가 낀 곳은 신발을 벗고 맨발로 걸어볼까요? 양탄자처럼 푹신할 거예요.

숲에 들어오면 이동하는 장소마다 새로운 풍경이 보입니다. 나뭇잎 모양도 모두 다르고, 이파리 색깔도 다르고, 애벌레 생김새와 색깔도 각양각색이에요. 어제는 잘 몰랐는데 지금 보니 예쁜 꽃이 피는 식물이 살고 있기도 하고요.

| 계수나무
가을이 되면 잎은 이렇게 노랗게 단풍이 들고 달콤한 향을 낸다.
방 안에 갖다 놓으면 방 안이 솜사탕 향으로 가득하다.

싱그러운 향도 납니다. 송진이 있으면 손가락으로 콕 찍어서 냄새를 맡아보세요. 흙을 한 줌 집어서 냄새를 맡아봐도 좋고요. 나무뿌리나 인삼 냄새 같은 게 날 거예요. 가을날 계수나무 곁을 지나면 솜사탕 냄새가 납니다. 단풍이 들면서 달콤한 향이 나거든요.

숲에서는 새로운 소리가 들리기도 해요. 평소에 듣지 못한 새소리도 수십 가지가 들리고, 바람이 살랑 불면 나뭇잎들끼리 부딪히며 싸르락 소리가 나요. 자동차 소리 같은 도시의 소음이 들리지 않아 조용해서 눈 감고 명상하기도 좋습니다.

이렇게 숲에서 순간순간 오감을 열고 받아들이는 연습을 해보세요. 오랜 세월 대자연에서 함께 살아온 수많은 동식물의 모양, 색깔,

향기, 맛, 소리를 온몸으로 느낄 수 있습니다.

숲을 걸으며 가장 기억에 남은 것이 무엇인지도 한번 생각해봅시다. 사람마다 다를 텐데요. 같은 장소를 산책해도 저마다 본 것, 들은 것, 느낀 것들이 다른 이유는 우리가 모두 다른 사람이기 때문입니다.

수업 시간에 한 장소에서 한 교사의 수업을 들어도 그 안에 있는 학생들의 머릿속은 제각각입니다. 내 생각은 선생님의 생각과도 다르고 옆자리 친구의 생각과도 달라요. 다른 생각을 하고 다른 모습을 하는 게 당연하고 그렇게 다른 게 바로 '나'입니다.

자연에서 나 만나기

요즘 텔레비전이나 책을 보면 여기저기서 4차 산업혁명에 대해 이야기합니다. 하나같이 4차 산업혁명 시대에는 창의적인 인재가 필요하다고 말하죠. 그런데 그 시대가 오면 정말 창의적인 사람이 필요한 걸까요? 창의적인 사람이 필요한 이유가 뭘까요? 왜 우리가 창의적이어야 할까요?

대답은 비슷합니다. 지금까지의 사회에서는 숙련된 기술이 필요하거나 혹은 어떤 지식 몇 가지를 외워서 먹고 살 수 있었지만 이제 그런 일들은 로봇과 인공지능이 다 해준다는 겁니다. 결국 인간만이 할 수 있고 나만이 할 수 있는 창의적인 일을 해야 한다는 뜻인데요.

몇 가지 의문이 들어요.

먼저 4차 산업혁명이 정말 올까요? 이미 왔거나 그 세계에 사는 건 아닐까요? 이렇게 살다가 갑자기 4차 산업혁명이 와서 준비 없이 길거리에 나앉게 되는 일이 벌어질까요? 저는 그렇게 생각하지 않아요. 이미 세상은 조금씩 변하고 있고, 우리도 모르게 그런 변화에 맞춰 조금씩 적응하면서 살고 있다고 생각합니다.

몇 년 전까지만 해도 아주 인기가 많던 코미디프로그램 시청률이 최근에는 많이 낮아졌다고 해요. 초등학생들이 특히 많이 보던 프로그램인데, 요즘에는 재미가 없어서 잘 안 본다고 하네요. 왜 그런 걸까요? 그 프로그램이 뭔가 큰 잘못을 했을까요? 그보다는 대중들의 웃음코드가 변했다고 생각해요. 나아가서 흥미를 느끼는 분야가 바뀐 겁니다. 게임이나 유튜브 등 더 재미있는 게 세상에 널렸잖아요. 이 말은 세상의 변화에 맞춰 이미 사람들도 변하고 있다는 뜻입니다. 4차 산업혁명에 대해서도 마찬가지예요. 준비는 하되 너무 호들갑 떨거나 겁먹을 필요는 없다고 봐요.

두 번째, 4차 산업혁명이 오면 정말로 인공지능과 로봇이 우리가 하는 일을 모두 대체할까요? 예컨대 자율주행차가 이미 개발됐고, 도로주행 실험도 모두 마쳤다고 합니다. 조만간 실제로 도로에서 달리게 될 텐데요. 그렇다고 세상의 모든 고속버스, 택시, 자가용 등에 인공지능이 설치되어서 운전자 없이 자율주행이 가능할까요? 아닐 거예요. 자율주행차가 나와도 당분간은 옆에 운전자가 탑승할 겁니다. 그리고 차만 만들어서 도로에 내놓으면 끝나는 게 아니죠. 도로교통법이라든가 교통사고 관련 법률, 보험 등 관계된 여러 사안에 대한 준비도 필요합니다.

아마 모든 차량이 자율주행차로 바뀌는 데에는 수십 년이 걸릴 거예요. 또 시대가 변하면서 운전과 관련된 직업이 서서히 사라진다고 하면 지금 청소년들은 성인이 되면서 자연스럽게 그 직업을 선택하지 않겠죠. 새로운 직업도 생길 테고요. 사라지는 직업이 더 많고 생기는 직업은 적다고도 하는데, 인구도 줄어들 테니 너무 걱정하지 말자고요.

세 번째, 모든 일을 인공지능이 도맡아 해서 사람이 하는 일이 줄어 일자리가 사라진다고 합시다. 너무 좋네요. 일 안 해도 되니까요. 그럼 어떻게 먹고 사냐고요? 그때가 되면 또 세상이 달라져서 일 안 해도 먹고살 방도가 생길 거예요. 집에서 놀면서 뭔가 하면 돈이 나오는 세상이 될지 누가 아나요. 차를 만들었는데 아무도 사지 않으면 회사가 망하겠죠? 인공지능 로봇을 만들어놨는데 아무도 살 수 없으면 안 되죠. 그런 기업들이 이윤을 내기 위해서라도 대중들에게 돈이 있어야 합니다. 그렇다면 기업이나 국가에서 사람이 돈을 벌 수 있는 다른 길을 만들어줄 거예요. 아니면 대기업이 차를 만들고 사회에 그냥 기부할지도 모르죠. 그러면 우리는 굳이 차를 살 필요가 없고, 돈을 벌 필요가 없어지는 세상이 올 수도 있어요.

제가 전문가도 아닌데 상상력만으로 아무렇게나 말한 것 같죠? 인정합니다. 하지만 분명한 건 일자리를 모두 잃어서 배를 곯는 세상은 아닐 거라는 거예요. 지금을 사는 우리의 생각으로 수십 년 뒤를 미리 걱정하지 않아도 될 것 같습니다.

어쨌든 일자리가 모두 인공지능으로 대체되어서 우리가 현재 직업과는 다른 일을 하게 된다면, 꼭 창의적이어야 하는 걸까요? 창의적이어야 변화에 잘 적응하고 성공해서 돈을 많이 버는 걸까요? 저는 오히려 목표 의식이 뚜렷하면서 신념이 투철하고, 인내심이 강한 사람들이 어떤 일을 하든 끝까지 관철해서 달성하는 경우가 많다고 생각해요.

창의적인 사람이 리더가 된다고도 하죠. 그런데 지금도 리더 혼자만의 생각으로 결정하고 선택하는 시대는 아니잖아요. 여럿이 모이면 혼자 생각한 것보다 더 창의적일 수 있고요. 또 이런 일들은 인공지능도 충분히 해낼 수 있습니다. 어떤 선택이 회사에 좋은지, 빅데이터를 뽑고, 결정한 후 실행하면 되는데, 굳이 창의적인 '사람' 리더가 필요 없죠.

마지막으로, 남보다 돈을 많이 벌고 성공하려면 창의적이어야 한다고 하는데, 왜 돈을 벌어야 하나요?

"저는 여행하는 게 좋아요. 전 세계를 여행하고 싶어요. 그러면 어쨌든 돈이 필요하니까요"라고 말하는 사람도 있겠죠. 그렇다면 왜 전 세계를 다 여행해야 하나요?

"다른 나라는 어떤지 궁금하잖아요." 왜 궁금한가요? 굳이 돈까지 써서 다녀올 이유가 있나요? 다녀와서는 SNS에 '스리랑카에서 마시는 커피는 꿀맛!' 이렇게 올려서 자랑하는 게 다잖아요?

"아니요. 난순히 자랑하는 게 아니고, 여러 나라를 다니면서 다양한 경험을 하고자 하는 거예요." 그러면 다양한 경험은 왜 해야 할까요? 바로 여기에 답이 있습니다.

창의성은 닫혀있는 한 가지 생각만 하는 것이 아니라 열린 다양한 사고를 하는 것입니다. 예를 들어 눈앞에 연필이 있는데 이것을 연필로만 보는 것은 창의적인 사고가 아닙니다. 연필을 보고 다양한 생각이 떠올라야지요. 연필은 송곳도 될 수 있고, 화살도 될 수 있고, 주사위처럼 굴리면서 가지고 놀 수도 있어요. 사물만이 아니라 내가 처한 상황도 다르게 볼 수 있어야 합니다.

창의적인 사고는 주로 긍정적이에요. 우리를 신나고 즐겁게 해주죠. 즉 돈을 많이 벌고 성공하기 위해서 필요한 게 아니라 '행복한 삶'을 살기 위해 창의성이 필요한 겁니다.

창의적인 사고를 위해서는 두 가지가 필요해요. 첫째는 호기심입니다. 세상을 즐겁게 살아가려면 호기심이 많아야 합니다. 다만, 어릴 적부터 호기심을 키워야 하는 건 아니에요. 이미 충분하니 없애지만 않으면 됩니다. 세상이, 어른들이 아이들의 호기심을 자꾸 죽입니다. 있는 그대로를 인정하고 받아들이기만 해도 충분한데 말이죠.

둘째는 다양한 경험입니다. 살면서 온갖 경험을 해보면 좋겠지만 저는 특히 '여행'을 추천합니다. 내가 가보지 않은 낯선 곳에 가서 여러 가지 경험을 해보는 거죠. 앞에서 말한 세계 여행을 하겠다는 사람은 아마 창의적인 사람이 될 수 있겠네요. 다양한 경험을 해보고 싶다는 사람에게 제가 너무 뭐라 했지요?

'여행을 일상처럼, 일상을 여행처럼.'

제가 좋아하는 말입니다. 평소 여러분이 다니던 길을 마치 다른 나라에 왔다고 생각하고 걸어보세요. 그러면 좀 더 새롭게 보일 거예요.

실제로 외국인들이 우리나라에 놀러 오면 우리가 늘 먹는 평범한 음식을 먹으면서 놀라고, 내가 사는 동네를 보면서 감탄하기도 하잖아요. 그들 눈에는 우리의 일상이 새롭고 신기한 거죠. 이렇듯 마치 외국인이 된 것처럼 나의 일상을 새롭게 바라봅시다. 외국에 가서도 현지인처럼 살아보면서 그 나라의 문화와 풍습을 느껴보는 게 더 좋은 여행이라고 생각해요.

서두가 좀 길었네요. 여행에 대한 이야기를 꺼내려고 먼 길을 돌아왔습니다. 질문 하나 할게요. 우리가 프랑스에서 제일 많이 만나는 건 뭘까요? 미국에 가서 제일 많이 만나고 오는 건요?

우리는 어디를 가든 '나 자신'을 가장 많이 만나게 됩니다. 무슨 말이냐고요? 어느 순간에서건 내가 나온다는 뜻이에요. 친구랑 대화할 때도, 밥을 먹을 때도, 텔레비전을 볼 때도 겉으로는 말하지 않아도 속으로 중얼거리는 말이 있잖아요. 그게 '나'입니다.

여행할 때도 계속해서 내 안에서 말하고 있는 '내'가 있습니다. 그게 바로 '자아'입니다. 자아는 특히 혼자 있을 때, 혼자 여행할 때 잘 나타나요. 어느 정도 연습이 되면 일상에서도 계속해서 자기 자신을 만나게 됩니다. 그 자아가 나를 위로하고 응원하는 거죠. 때로는 실망하기도 하고요.

자아 만나기가 제대로 된 이후에 흔히 말하는 '자존감'이 생깁니다. 저는 종종 사람들에게 물어봐요. "당신은 자존감이 강한 사람인가요?" 제 주변 사람들은 대개 이렇게 답하더군요. "글쎄요. 높지는 않은데 보통은 되지요. 낮은 건 아닌 것 같아요."

자존감의 크기는 어떻게 알 수 있을까요? 책이나 강연에서 흔히 하는 이야기가 있습니다.

"자존감을 높이려면 긍정적으로 자신의 미래를 생각하며 무엇이 되고 싶은지 꿈을 꿔라. 그리고 그 꿈을 향해 열심히 노력해라. 잘하는 사람은 열심히 하는 사람을 이길 수 없고, 열심히 하는 사람은 즐기는 사람을 이길 수 없다. 지금 좋아하는 일을 즐기면서 꾸준히 하다 보면 언젠가 꿈을 이룰 것이다."

도대체 꿈은 뭐고 자존감은 뭘까요? 지금 세상은 꿈과 자존감으로 미쳐 돌아가는 게 아닐까요? 우리가 모두 꼭 꿈이 있어야 할까요? 모두 다 자존감이 높아야 할까요? 자존감은 높지 않아도 됩니다. 적당하면 되죠.

게다가 자존감도 결국 '자아'에서 출발합니다. 내가 어떤 사람인지 알아야 무엇을 좋아할지, 싫어할지, 어떤 것을 보완해야 할지 알 수 있잖아요. 내가 어떤 사람인지 모르는데 어떻게 내가 좋아하는 것을 찾을 수가 있겠어요. 어떻게 꿈을 꿀 수가 있겠어요.

좋아하는 게 여러 개여도 됩니다. 오늘은 이걸 좋아했는데, 내일은 다른 걸 좋아해도 돼요. 청소년 시기에는 하고 싶은 것도 많고, 하기 싫은 것도 많을 거예요. 또 어떤 삶을 살아야 하는지 주변에서 방향을 제시하고 좋은 길로 안내하는 과정에서 가끔 강요하기도 할 테고요.

아마 그 길이 내 길 같지가 않고, 벌써 하나의 길을 정해야 하나 싶기도 할 겁니다. 친구들을 보면 이미 꿈을 정하고 노력하는 애들도 있고, 텔레비전에 나오는 아이돌들은 내 또래인데 벌써 꿈을 이뤄 유명해지고 돈도 많이 벌고 있으니 자신은 한참 뒤떨어진 삶을 사는 것 같기도 하죠.

이럴 때 할 수 있는 자연놀이를 소개해줄게요. 가을이면 좋고 다른 계절에도 할 수 있어요.

나뭇잎 중에 초록색 잎을 하나 찾고, 노란색 잎을 하나 찾아요. 바닥 한쪽에는 초록색 잎을, 30센티 떼어서 노란색 잎을 놓아요. 그다음 초록색과 노란색의 중간쯤 되는 연두색 잎을 하나 찾아봐요. 그것을 둘 사이에 놓습니다. 이렇게 주변에 있는 잎들을 주워와서 그러데이션이 되도록 배열해봐요.

익숙해지면 여러 색깔로도 시도해보세요. 빨간색, 노란색, 초록색, 갈색 이렇게 네 가지 색을 각각 12시 방향, 3시 방향, 6시 방향, 9시 방향으로 놓고 그 사이를 역시 그러데이션이 되게 나뭇잎들로 채워보세요.

저는 학생들이 그러데이션을 모두 완성하고 나면 이렇게 말해줍니다.

"어때요? 이렇게 배열이 되어 있으니 이쁘지 않나요?"

"네, 이뻐요."

"그냥 바닥에 흐트러진 잎들을 볼 때는 좀 뒤죽박죽이었잖아요. 하나씩 가져와서 놓아야 할 곳에 놓으니 멋진 색환(색을 스펙트럼 순서로 둥그렇게 배열한 고리 모양의 도표)이 됐고요. 우리 삶도 그렇다고 생각해요. 내가 있을 곳이 어딘지 잘 모르지만 찾아가는 거예요. 아마도 제 자리를 찾으면 지금 잎 색환처럼 주변과 어울리면서 아름다운 모습으로 빛나겠죠. 여러분 모두 그렇게 되면 좋겠어요. 지금은 인생에서의 내 위치를 아직 잘 알 수 없고, 찾았다고 해도 제대로 자리 잡지 않은 시기예요. 저기 흩어진 나뭇잎들처럼요. 그런 때인 거고, 그게 자연스러운 거예요. 그러니 지금의 혼란을 너무 괴로워하지 않았으면 좋겠어요."

아직 꿈을 정하지 않아도 좋으니 무엇이든 하면서 자신을 들여다볼 기회를 얻기를 바랍니다. 그게 결국 '자아'를 만나는 일이에요. 자아를 만나려면 혼자 있어야 해요. 혼자 있는 시간이 우리를 여물게 해주거든요.

물론 혼자 가만히 앉아있기만 하는 건 좀 어렵죠? 그렇다면 글을 쓰거나 혼자 걸어보는 건 어때요? 글을 쓸 때는 다른 게 아니라 자신에 대한 이야기를 쓰는 게 중요합니다. 허황한 이야기 말고 그냥 내 삶을 진솔하게 적고 돌아보고 후회되는 일이나 희망 사항이 있으면 또 솔직하게 써보는 거죠.

그런 '일기'를 꾸준히 쓰다 보면 좋은 점이 많이 생겨요. 개인의 역사도 잘 기록할 수 있고 문장력도 늘어서 글쓰기도 잘하게 된다고 하잖아요. 특히 일기를 쓰는 시간 동안 자신을 돌아보게 되기에 '자아'를 만나는 효과가 있습니다.

혼자 걷기는 도심보다는 숲길이 좋아요. 숲에 오면 뇌파도 달라지고 심리 상태도 달라집니다. 그러면 집중력도 좋아지고 피톤치드의 효과로 삼림욕도 즐길 수 있지요.

혼자 숲길을 걸을 때는 멍하니 걸어도 좋지만 주위를 두리번거리면서 가보세요. 그러다 보면 눈에 띄는 것이 있을 거예요. 그게 무엇이지, 왜 내 눈에 유독 띄었는지를 찬찬히 생각해보세요. 내가 본 것이 바로 '나 자신'이거든요. 다른 친구들은 내가 본 사물, 현상, 느낌과 다른 것을 만났을 거예요. 그들은 나와 다른 사람이니까 당연하죠.

혼자 숲길을 여행하며 만나게 되는 '나 자신'에게 솔직하게 다가가 찬찬히 들여다보세요. 그래야 진짜 '나'를 알 수 있습니다. 그렇게 알게 된 '나 자신'은 아직은 좀 투박하고 낯설 수 있어요. 하지만 쇳물을 정제하고 제련해서 순수하고 단단한 좋은 쇠를 얻듯, 나 역시 차근차근 정제해 나가는 과정이 필요합니다. 성인이 되어서도 끊임없이 해야 할 일이죠.

주말에는 마음먹고 집 뒷산이나 공원에라도 나가 혼자 이런저런 생각을 하면서 땀을 흘리며 걸어보는 건 어때요?

2장.

이유 없는 생명은 없다

꽃이 저마다 다르게 생긴 이유

숲을 거닐면 수많은 식물과 만나게 됩니다. 우리나라에 사는 식물 종류는 나무만 600종이 넘고 풀도 3000종이 넘는다고 해요. 물론 이 식물들이 한군데 모여 있는 건 아니지만 그만큼 많은 식물이 숲에 살고 있습니다. 여러분이 동네 뒷산에 올라 산책한다면 적어도 50~100종류의 나무를 만날 수 있답니다. 생각보다 많죠? 그런데 그 많은 나무를 서로 어떻게 구분할까요? 앞서 나무의 이름을 굳이 알지 않아도 된다고 했는데, 전문적으로 식물을 공부하는 사람들은 분류를 합니다.

제비꽃에도 여러 종류가 있는데요. 만약 기후가 변하면서 제비

꽃이 영향을 받아 멸종하고 있다면 수십 종 되는 제비꽃 중에 어떤 제비꽃이 멸종했는지 알아야 그 이유를 분석할 수 있겠죠? 그러려면 각각의 제비꽃에 이름을 붙이고 분류해야 합니다.

분류는 결국 생김새로 해요. 자세히 보면 모든 식물은 생김새가 다르거든요. 이파리 모양도 저마다 다릅니다. 나무는 크게는 침엽수와 활엽수로 나뉘죠. 바늘잎나무와 넓은잎나무라고도 합니다.

소나무, 잣나무, 전나무, 가문비나무 이런 것들이 바늘잎나무이고, 느티나무, 벚나무, 버즘나무 이런 것들이 넓은잎나무예요.

그런데 왜 바늘잎나무는 잎이 뾰족하고, 넓은잎나무는 잎이 넓적할까요? 잎의 기능을 생각해보면 좀 이해가 되겠지요? 잎은 주로 광합성을 합니다. 광합성은 잎에 있는 엽록소가 햇빛을 먹으면서 양분을 만들어내는 것을 말해요. 이때 물과 이산화탄소가 필요하죠. 물은 뿌리에서 흡수해 올려보내고, 공기는 잎의 기공(식물의 잎이나 줄기의 겉껍질에 있는 숨구멍)으로 흡수해요. 그렇게 햇빛, 물, 이산화탄소 세 가지가 모이면 이파리 공장이 가동되어서 양분이 만들어지는 거죠. 이때 물이 적은 지역에서는 물을 흡수하기가 어렵겠죠? 물이 많은 지역에서는 물이 남을 테고요. 즉 식물도 사는 환경에 맞게 변화한 것입니다.

아까시나무처럼 잎이 한 장에 여러 개 달린 것도 있고, 칡처럼 3장이 달린 것도 있고, 으름처럼 5장이 달린 것도 있어요. 이렇게 저마다 생김새가 다른 이유가 환경에 맞게 적응한 결과라는 거지요.

꽃은 어떨까요? 꽃도 색깔, 모양, 향기가 모두 다릅니다. 벌이나 나비는 사람이 보는 방식과는 다르게 보기 때문에 우리 눈에 보이는 꽃의 색깔과 그들이 보는 색깔은 좀 달라요. 어쨌든 꽃은 곤충의 눈에 잘 띄어야 유리하겠죠?

저마다 곤충이 좋아할 만한 향기를 만들어내기도 합니다. 파리 종류를 유혹하는 꽃들은 향이 고약한 것들이 많아요. 파리가 그런 냄새를 좋아하기 때문이죠.

모양도 다릅니다. 크고 화려한 꽃도 있고, 작고 소박한 꽃도 있어요. 작은 꽃들은 작은 곤충을 유혹하거나 여럿이 모여 크게 보여서 큰 곤충을 유혹하기도 합니다. 어떤 모양을 하고 있든 모두 곤충을 불러오기 좋고, 꽃가루받이 확률을 높이는 모양입니다.

열매는 어떨까요? 열매도 제각기 번식 방법이 달라요. 어떤 열매는 바람을 이용하고, 어떤 열매는 동물을 이용하기도 합니다.

이렇게 식물들은 생존하기 위함이라는 목적은 같지만 저마다 환경에 맞는 방식으로 다른 모습을 하고 있습니다.

우리는 어때요? 우리도 얼굴, 성격이 모두 다릅니다. 특히 청소년 시기에는 외모에 관심이 커지는데요. 자신의 외모에 관심을 가지기 시작하는 건 나쁜 게 아닙니다. 자연스럽게 자기 자신에게 관심이 생긴 것이니 좋은 일이지요.

| 여러 종류의 도토리들
그간 산이나 공원에 다니면서 주워서 주머니에 넣어왔던 도토리가 꺼내놓으니 꽤 된다.
다 같이 놓고 그려본다. 같은 종류도 있고 다른 종류도 있다.
같은 참나무이면서 왜 이렇게 다양한 종류로 변했을까?
어떤 조건을 어떤 방법으로 극복하기 위해 모양이 변화했을까?
아직도 그 이유는 모르겠다.

'나는 왜 저 연예인처럼 예쁘지 않을까?' '나는 왜 저 모델처럼 키가 크지 않을까?' '내 손은 왜 이렇게 뭉툭하고 못생겼을까?' 이처럼 그 관심이 다른 사람과 비교하면서 문제가 되기 시작합니다. 내가 비교하는 대상을 보면 피부가 좋고 키가 크고 눈코입이 잘생겼죠? 모두 그런 대상과 자신을 비교합니다.

그런데 인간도 사는 환경에 맞게 신체가 변해온 거예요. 인류는 초기에 아프리카에서 거주하기 시작했습니다. 그러다 보니 뜨거운 날씨로부터 몸을 보호하기 위해 피부도 검게 변하고 머리카락도 곱슬곱슬해졌죠. 바람이 잘 통하도록 콧구멍도 커지고 콧대는 낮아지고요.

거주 지역이 점차 확대되면서부터는 또 다른 모습으로 변합니다. 바람이 많이 부는 곳에서는 눈이 작은 게 유리하겠죠. 너무 추운 곳에서는 체격이 큰 게 유리하고요.

이런 변화에 맞춰 오랜 시간 적응하면서 지금의 백인종, 황인종이 생겨난 거예요. 이런저런 환경적 요인으로 저마다의 신체 조건을 갖게 된 것이죠. 그런데 현대 사회는 교통수단이 발달하고 사고가 변하면서 세계화가 되는 추세입니다. 늘 보던 사람만 보는 게 아니라 다른 나라 사람들도 보게 되니 당연히 비교될 수밖에요.

알다시피 조선 시대만 해도 미의 기준은 달랐어요. 시대에 따라 또 지역에 따라 미적 기준이 다르고 계속 변하는데, 근래에는 서양

인의 외모를 아름다움으로 삼았습니다. 불과 몇 년 전만 해도 눈이 크고 쌍꺼풀 있는 사람을 보고 미남 미녀라고 했지요. 지금은 쌍꺼풀이 없는 눈을 더 선호하기도 합니다. 이는 우리 사고가 변하고 있다는 증거예요. 언제, 어떻게 그 기준이 변할지 모르는 거죠.

하나의 모습을 고정해놓고 그것을 절대적인 기준으로 삼지 않아도 됩니다. 무엇보다 내가 미남, 미녀가 아니면 어때요? 우리가 전부 모델이나 탤런트가 될 건 아니잖아요. 키가 크면 농구 선수로는 유리하겠지만 모든 사람이 키가 클 필요는 없습니다. 노래를 잘하면 가수가 되기 쉽겠지만 모두가 노래를 잘하지 않아도 돼요.

우리는 모두 외모와 능력이 다릅니다. 그것을 자연스럽게 받아들이는 게 좋아요. 외모가 멋지지 않다고 좌절하고 포기하는 인생을 사느니, 다른 일을 열심히 해서 그 분야에서 잘 되는 게 더 좋은 삶을 사는 길입니다. 삶의 방향은 여러 갈래입니다. 하나의 방식만 바라보고 또 제안하는 것은 지양해야 해요.

"난 왜 이런 집에서 이렇게 태어난 걸까? 키도 더 크고 얼굴도 잘생기면 좋았을 텐데…"라며 자신의 외모나 출생 환경을 원망하는 사람들이 있습니다. 내가 왜 이렇게 태어났는지는 내가 어떤 삶을 사는지를 보면 이유를 알 수 있어요.

나중에 축구 선수가 되면 "아, 재가 맨날 공만 차고 다니더니 저렇게 멋진 축구 선수가 되려고 그랬구나?" 합니다. 빈둥대며 술주정이나 하는 사람이라면 "어릴 적부터 맨날 공이나 차더니 술 먹고 행패만 부리는구먼"이라고 하겠죠. 결국 나중에 내가 무엇이 되는가에 따라서 내가 태어난 이유, 내가 그렇게 생긴 이유가 검증됩니다.

한때 어느 모임에서 친구에게 이런 말을 한 적이 있어요. "내가 태어난 고향은 시골 촌구석이고 딱히 유명한 인물도 없고 관광지도 아니라서 별로였어. 우리 동네에 멋진 장소가 있거나 유명한 사람이 태어났다면 내 삶이 좀 달라졌을 텐데."

그 말을 들은 친구가 이렇게 답하더군요. "네가 멋진 사람이 되면 네 고향은 저절로 유명해질 거야." 정말 깜짝 놀랐습니다. 이미 유명한 고향이길 바라고만 있었지 스스로 우리 고향을 유명하게 만들 생각은 하지 않았으니까요.

이렇듯 원래 타고난 운명이나 생김새가 우리 삶을 이끌어가는 게 아닙니다. 우리가 지금 살아가는 모습을 보고 그런 운명이었다며 사람들이 해석하는 거예요. 그러니 타고난 외모에 너무 집착하지 말아요.

아침에 세수하면서 거울을 보게 됩니다. 거울 속 자신이 왠지 못마땅하게 보일지도 몰라요. 그럴 때 가만히 한번 생각해보세요. 지금 나를 누구와 비교 하고 있는 건지. 아마 유명 배우나 잘나가는 친구의 모습이겠죠.

그렇다면 지금 내가 정말 부러워하는 게 그 사람의 생김새인지,

삶인지 생각해봅시다. 단순히 외모만은 아닐 거예요. 외모만 그 사람처럼 바뀌고 인기와 성공, 대중의 관심 근처에도 가지 못한다고 생각해보세요. 아무도 내게 찾아오지 않고 쓸쓸하게 산다고 해도 정말 그 외모가 좋을까요?

결국 내가 정말 부러워한 것은 그 사람의 성공이고 인기와 돈이라는 사실을 알 수 있어요. 그렇다면 주변에 성공하고 인기 있는 사람들이 꼭 생김새로만 성공했는지 다시 생각해봅시다. 그렇지 않아요. 누군가는 열심히 공부해서, 누군가는 운동을 열심히 해서, 누군가는 관찰력이 좋아서, 친절해서, 글씨를 잘 써서…. 저마다 다른 이유를 가지고 있어요.

성공하는 삶이 꼭 행복한 삶이라고 할 수는 없지만, 성공을 원한다면 그 원인이 외모에만 있지 않다는 것도 알아야 합니다. 그렇다고 바로 외모에 관심을 뚝 끊으라는 말이 아니에요. 외모를 가꾸는 건 좋은 일입니다. 자꾸만 남과 비교하고 낙담하는 게 나쁜 거죠. 그러니 자기 외모에 부정적인 생각이 들면 잠깐 숨을 고르고 꽃과 나무 이야기를 떠올려보세요.

괴로워하는 데 쏟을 에너지를 즐거워하는 데 쏟으면 더 좋은 일이 많이 생길 거예요.

꽃이 지는 걸 슬퍼하지 말아요

여러분은 계절의 변화를 어떻게 느끼나요? 저는 자연의 변화를 보고 계절이 바뀐 것을 압니다. 계절마다 피는 꽃, 열매, 나타나는 곤충이 다르거든요. 귀룽나무에서 잎이 돋아나거나 생강나무 꽃이 피면 "봄이 왔구나!" 해요.

도시에서 사는 사람들은 아마 귀룽나무나 생강나무를 잘 못 볼 테니 개나리나 진달래가 핀 것을 보면 "아! 봄이 왔구나"라고 생각할 거예요.

형형색색의 꽃을 보며 사람들은 계절의 변화를 느끼고 세상이 아름답다는 사실을 새삼 깨닫습니다. 꽃은 우리를 행복하게 해줍니다. '꽃처럼 아름다운'이라는 표현을 써가며 최고의 찬사를 표현하기도 하죠. 아름다운 것은 답답한 인생에 하나의 활력소가 됩니다. 그런데 꽃은 왜 피는 걸까요? 또 왜 피었다 지는 걸까요?

먼저, 꽃이 피는 이유를 알아볼게요. 꽃은 사람에 비유하면 성기와 같습니다. 남자 여자가 있듯이 식물도 암나무 수나무, 암꽃 수꽃, 암술 수술 등의 구분이 있어요. 암수 구분이 있는 건 왜일까요? 어느 하나의 성만 갖고 자가 분열을 통해 자손을 번식해도 되잖아요. 이 쉬운 방법을 놔두고 왜 굳이 복잡한 방식을 택하는 걸까요? 행여 짝짓기를 못 하면 번식을 못 하게 되는 위험까지 감수하며 암수 구분을 두는 이유가 뭘까요?

만약 사람이 자가 번식을 할 수 있다고 칩시다. 한사람이 자기와 DNA가 같은 개체를 자손으로 만들어냅니다. 그렇게 몇 대에 걸쳐 번식했는데, 그 생명체는 모두 DNA가 같아요. 이때 어떤 일이 일어날 수 있을까요?

신종플루나 메르스 같은 전염병이 돌았고, 있어서는 안 되는 일이지만 이 병의 치사율이 100%에 가깝다면, 인간 대부분이 그 병에 걸리겠죠. DNA가 같다면 아마 그 생명체는 모두 전멸할 거예요.

DNA가 다르면 이야기가 조금 달라집니다. 누군가는 살 확률이 높아지는 거죠. 그렇다면 다른 개체와 섞여 다양한 DNA를 만들면 됩니다. 다른 존재를 만나서 섞이려면 짝짓기를 해야 하고요. 그래서 성별 구분이 생기게 된 것이죠.

즉 암술과 수술의 꽃가루받이 행위를 섹스에, 이후 열매가 만들어진 것을 임신에 비교할 수 있습니다. 이 과정을 잘 진행하기 위해 꽃들은 색, 모양, 향기 등 다양한 전략으로 수많은 곤충을 불러들여 꽃가루받이를 하지요.

소나무나 참나무, 벼, 옥수수 같은 식물은 바람을 이용하기도 합니다. 물을 이용하는 식물도 있어요. 다만 바람이나 물을 이용하는 식물보다 곤충을 이용하는 식물이 꽃가루받이 확률이 높습니다.

그런데 꽃이 피는 식물이 먼저 지구에 출현했을까요? 곤충이 먼저 출현했을까요? 곤충이 먼저 이 세상에 나왔답니다. 꽃을 피우는 식물보다 약 2억 년이나 먼저요. 당연히 꽃을 피우는 식물은 이미 번성해 있는 곤충들을 이용하면 수월하겠지요? 그래서 곤충을 불러서 매개자로 쓰는 겁니다.

곤충을 유혹하는 무기로 꿀을 만들어 나눠주면서 꽃가루를 묻히는 거죠. 꿀이 아니더라도 어떨 땐 색깔로, 어떨 땐 모양으로, 어떨 땐 향기로 다양하게 곤충을 유혹합니다.

꽃이 피는 이유는 우리가 어버이날이나 졸업식, 생일 때 선물로 주기 위해서가 아니라, 바로 꽃가루 매개자인 곤충을 유혹하기 위함입니다.

그렇다면 꽃이 지는 이유는 왜일까요? 싱거운 답변일 수 있지만 자기 할 일을 다했기 때문이랍니다. 꽃의 임무는 열매를 만드는 건데, 꽃가루받이를 통해 열매를 만들었다면 더는 꽃을 매달고 있을 이유가 없어요. 며칠을 화려하게 장식하던 꽃도 자기 할 일을 다하면 바람에 꽃잎을 날리며 뚝뚝 떨어집니다.

신기하게도 인동 같은 식물은 꽃가루받이가 되면 색깔을 변화해 벌들이 헛걸음하지 않게 합니다. 토끼풀도 꽃가루받이가 다 된 꽃은 아래로 쳐지면서 시들해져요. 벌이나 나비가 헛걸음하지 않고 다른 꽃에 가야 꽃가루받이가 더 잘될 테니까요. 이후 꽃이 완전히 시들어버리거나 바닥에 떨어질 때엔 그 자리에 조그맣게 열매가 만들어져 있습니다.

동백꽃이 뚝뚝 붉게 떨어진 모습을 보고 선혈이 낭자한 것 같다거나 이별의 피눈물이 뚝뚝 떨어진 것 같다거나 쓸쓸하다거나 슬프다거나 하는 표현을 자주 하는데요. 사실을 살펴보면 그렇게 부정적으로 볼 일은 아니지요.

우리 주변에 꽃처럼 제 할 일을 열심히 하고 나서 뒤돌아보지 않고 뚝 하고 떨어져 버리는 사람이 있을까요? 별로 없는 것 같아요. '박수칠 때 떠나라'는 말이 있는데, 이런 태도를 꽃에게 배워야겠습니다. 본인의 역할은 확실하게 마무리하고 다음 사람에게 자리를 물려주고 떠나는 거죠. 꽃이 제 할 일을 다 하고 떠나는 것처럼.

| 토끼풀
수분이 되면 꽃잎이 아래로 처진다. 곤충에게 수분된 것과 그렇지 않은 것을 명확히 구분할 수 있게 해서 쓸데없는 움직임을 줄이려는 의도인 것 같다.

단풍이 드는 이유

우리는 살면서 당황스러운 경험 한두 번쯤은 하게 됩니다. 저에게는 그다지 당황스러운 일이 많이 생기지는 않았는데, 몇 년 전 8월 한 달을 바빠 보내고 갑자기 귀에 이상이 생겼어요.

자고 일어났는데 귀에 이명과 난청이 생겨 잘 안 들리는 겁니다. 평소 병원에 다닌 적이 없을 정도로 건강한 사람인지라 갑자기 찾아온 질병에 깜짝 놀랐어요. 병원을 찾았지만 고쳐지지 않았고요.

병원에서는 원인을 스트레스와 과로로 보았습니다. 생각해보니 일중독이라는 말을 들을 정도로 일을 많이 하는 편이긴 했어요. 돌아보니 대학 때도 동아리 활동으로 바빠 보냈고, 대학을 졸업하고도 만화가가 되기 위해 나름으로 열심히 쉬지 않고 보내왔지요. 자연을 접하게 되면서 삼림욕이나 숲 치유를 좋아해 지금의 직업을 선택했지만 정작 저 자신은 쉬지 못하고 강의와 집필을 계속해왔던 것 같습니다.

당시 8월에도 만화계 큰 행사를 한 달간 준비하고 마친 뒤였어요. 병원에서는 잠을 많이 자고 일도 줄이고 좀 쉬라고 하더군요. 그해 9월은 다행히 일도 별로 들어오지 않았고, 저 역시 집필을 멈추고 최대한 잠을 많이 잤습니다. 산에도 자주 갔고요. 남산에 자주 올랐어요. 10월이 되어서 조금 바빠졌지만 되도록 무리하지 않고 쉬엄쉬엄했지요.

그 쉬엄쉬엄은 지금도 계속되고 있습니다. 정말 놀라운 것은 병원에서 치료가 안 된 증상이 저도 모르는 사이 나았다는 겁니다. 지금은 이명도, 난청도 사라졌어요.

그해 가을 남산을 산책하며 제 삶을 다시 돌아보았습니다. 평소 자주 보던 것들도 새롭게 또 보게 되었지요. 특히 단풍이 든 나무들이 눈에 띄었습니다.

단풍나무라는 나무가 있습니다. 이름이 '단풍나무'예요. 우리나라에 있는 단풍나무 종류는 20여 가지나 되는데, 모두 '단풍나무'처럼 시옷 자 열매를 매달고 있습니다. 이 열매가 마르면서 둘로 갈라져 날아갈 때면 그 모습을 한참 보고 있게 돼요. 프로펠러처럼 잘 날거든요.

어쨌든 그 '단풍나무'가 왜 단풍나무라는 이름을 가지게 되었냐면, 단풍이 예쁘게 잘 들어서입니다. 주변에 단풍이 드는 나무가 얼마나 많습니까? 그런데 이 나무가 단풍나무라는 이름을 가져갔어요. 유독 예뻤겠지요. 주변에서 흔히 볼 수 있었을 테고요.

우리는 단풍나무가 붉게 물들어가면 '와! 이제 가을이구나!' 합니다. 가을이 되면 온 숲이 울긋불긋해요. 온 나무, 온 산에 단풍이 들지요. 그런데 단풍이 드는 이유가 뭘까요? 자연의 섭리를 우리가 모두 다 알기는 어렵지만 그래도 어느 정도는 짐작해 볼 수 있습니다.

가을이 되어 나뭇잎이 물들기 시작하는 이유는 바로 겨울을 준비하기 위함입니다. 겨울은 춥잖아요. 온도가 영하로 떨어지면 수분이 가득한 잎이 얼어버리겠죠. 그러면 세포가 파괴되니까 결국 죽거나 썩게 되고요. 그래서 얼기 전에 미리 잎을 떨어뜨리고, 잎이 진자리를 말끔하게 마무리해서 닫아 놓는 겁니다.

그런데 생각해보면 모든 나무가 잎을 떨어뜨리지는 않아요. 가을이 되어도 단풍이 들지 않는 나무를 우리는 늘푸른나무(상록수)라고 부릅니다. 소나무, 잣나무, 주목 등 바늘잎나무(침엽수)가 대부분이지만 사철나무, 동백나무 등 넓은잎나무(활엽수)도 있어요. 늘푸른나무의 잎은 추위에 잘 얼지 않아요. 잎 안에 부동액(액체의 어는점을 낮추기 위하여 첨가하는 액체) 같은 것을 갖고 있거든요. 모든 바늘잎나무가 늘푸른나무인 것도 아닙니다. 메타세쿼이아, 낙엽송, 낙우송 등은 가을에 잎을 떨어뜨립니다.

잎을 떨어뜨리는 나무들을 갈잎나무(낙엽수)라고 합니다. 갈잎나무 잎 수명은 대개 6~7개월입니다. 4월에 나와서 10월이나 11월에 떨어져요. 늘푸른나무는 한 번 만들어낸 잎을 오랫동안 떨어뜨리지 않아요. 그 이유가 새잎을 내는 에너지를 절약하고 한 번 만든 잎을 오래 사용하기 때문이라고 하는 사람들이 있는데, 그렇지 않습니다. 늘푸른나무도 매해 새잎이 나와요. 다만 수명이 길 뿐이죠.

예컨대 소나무 잎 수명은 2~3년입니다. 2년이라고 가정한다면 작년에 나온 잎이 아직 떨어지지 않았는데 올해 새잎이 나오고 다음해 역시 아직 잎들이 지지 않았는데 새잎이 나오는 거죠. 대신 이듬해가 되면 새잎도 나고 3년 전 잎은 떨어집니다. 그래도 이미 새로 난 잎과 작년 재작년 잎은 그대로 있으니 초록을 유지하는 겁니다.

수명을 짧게 해서 잎을 떨어뜨려 낙엽을 만들어내는 것은 추위에 잎이 얼기 때문만은 아닙니다. 겨울이 되면 땅이 얼어서 수분 확보가 쉽지 않아요. 나무는 잎으로 광합성을 하잖아요. 이때 필요한 게 물입니다. 겨울이 되면 태양 고도가 낮아지면서 햇빛이 약해지지만 광합성 할 정도는 돼요. 이산화탄소도 여전히 존재하고요. 그런데 땅이 얼어 물 확보가 안 되면 광합성이 어렵습니다. 더욱이 광합성을 하면서 증산작용(잎에서 물을 뿜어내는 일)도 하므로 만약 수분을

| 소나무
수분된 암꽃, 즉 올해의 솔방울이다.

올해 새로 나온 잎.

작년에 수분된 솔방울.
2년차 솔방울이다. 올가을에 익어갈 것이다.

작년에 나온 잎. 2년차 잎.

재작년에 만들어진 솔방울.
솔씨가 다 날아가고 비어 있다. 3년차.

재작년에 나온 잎. 이미 거의 다 졌다.
즉, 솔잎은 수명이 약 2년이란 것을 알 수 있다.

흡수하지 않고 증산작용만 한다면 나무가 말라죽을 수 있어요. 이런 현상을 막기 위해 미리 잎을 떨어뜨리는 거죠.

나뭇잎과 줄기 사이에 있는 떨켜가 물과 양분이 오가는 통로를 막고 나면 나뭇잎 안에 남아있던 색소의 종류와 양에 따라 단풍 색깔이 결정됩니다. 나무가 단풍이 드는 것은 결국 낙엽이 되기 위한 과정이에요. 낙엽을 만드는 것은 나무가 쉬기 위함이고요.

봄에 싹을 내고, 여름 동안 열심히 광합성 했고, 가을에는 또 열매도 만들었으니 겨울은 좀 쉬어야겠지요. 그래야 내년에 새 생명을 만들어낼 수 있으니까요.

예술가들은 창작을 업으로 살아가는 사람들입니다. 내 안에 아무것도 없는데 자꾸 밖으로 꺼낸다면 더는 꺼낼 게 없을 때가 옵니다. 제가 좋아하는 만화가 선생님이 해주신 말씀을 옮겨 적습니다.

"만화를 그리는 일이 살을 깎는 일이더라고. 내가 살아오면서 잘 만들어놓은 살집을 깎아내서 세상에 내놓는 건데 이게 살을 깎고 깎아서 다 닳아지면 이제 뼈를 깎는 거야. 뼈도 깎고 깎이면 모두 닳아지고 없어서 죽을 맛인 거지."

예술가는 내면이 충만해져야 세상에 뭔가를 내놓을 수 있습니다. 골방에 처박혀서 그림만 그린다고 작품이 만들어지지 않아요. 나와서 사람도 만나고, 쉴 때는 좀 쉬고 그래야지요.

예술가만이 아니라 우리 모두 그렇습니다. 힘들 때는 쉽시다. 단풍도 괜히 드는 게 아니에요. 나무가 쉬기 위해서 듭니다. 공부하다가도 좀 힘들면 쉬세요. 쉬는 것, 노는 것, 모두 헛된 게 아닙니다. 새로운 시작을 만들어낼 수 있어요. 다음 봄을 위해 잠시 쉬는 나무처럼요.

3장.

나무의 행복,
꽃의 행복,
나의 행복

아모르파티!

얼마 전 유명 트로트 가수의 노래 한 곡이 역주행하며 젊은이들 사이에서 인기를 끌었습니다. 바로 '아모르파티'라는 노래입니다. 사람들이 다 같이 모여 "아모~르 파티!!" 하며 따라 부르는데, 아모르파티에서 '파티'를 친구들끼리 술 먹고 즐기는 파티로 알고 있는 사람이 많더라고요.

아모르파티amor fati는 철학자 프리드리히 니체가 그의 저서 『즐거운 학문』에서 인용하면서 유명해진 말입니다. 애초에 처음 말한 사람은 로마의 아우렐리우스 황제라고 하는데 정확히 아모르파티라고 말하지는 않았고, 이 표현을 처음 쓴 것은 니체라고 하네요.

아모르파티는 자신의 운명을 사랑하라는 뜻입니다. party가 아니라 fati, 운명이죠. 운명을 사랑하라는 말은 무슨 뜻일까요? 자신이 처한 운명에 굴복하거나 승복하거나 단념하고 받아들이라는 의미가 아닙니다.

살다 보면 우리에게는 기쁜 일도 생기고 슬픈 일도 생깁니다. 그런데 기쁜 일은 잘 받아들이지만 슬픈 일은 생기지 않기를 바라죠. 아모르파티는 살다 보면 힘듦, 어려움, 슬픔, 괴로움도 생기게 마련이고 그런 일들까지 사랑하라는 뜻이에요. 괴로움마저도 내 운명이라고 생각하고 적극적으로 받아들이자는 거죠. 그렇게 마음먹으면 괴로움이 이미 괴로움이 아니게 됩니다. 한마디로 내 운명의 주인이 되라는 말입니다.

이 표현과 꼭 맞지는 않지만, 식물들의 한살이를 관찰하다 보면 정말 운명이라는 단어를 생각하지 않을 수 없습니다.

나무의 주목적은 씨앗을 많이 만들어 멀리 보내고 번식하는 겁니다. 씨앗을 만들기 위해서는 꽃을 피워야 하고 꽃을 피우기 위해서는 잘 자라서 양분도 만들어야죠. 이런 일련의 일들이 잘 갖춰져야 건강한 씨앗을 많이 만들 수 있습니다.

간단한 놀이를 한번 해볼까요? 직접 해봐도 좋고 머리로 상상해도 좋아요. 땅바닥에 지름이 30센티쯤 되는 동그라미를 그리고 5미터 정도 떨어져서 도토리나 솔방울 같은 것을 주워서 던져넣어 보세요. 한 번에 바로 원 안으로 들어가나요? 친구들과 여럿이 던져 봐요. 10명이 던지면 10개 모두 원 안에 들어갈까요? 10개 전부 들어가기는 어려울 거예요. 10명이 던져서 5명이 들어갔으면 50%의 확률로 들어간 거죠.

자연의 세계에도 확률 논리가 많이 적용됩니다. 식물이 씨앗을 만들어서 자손을 번식하는 과정만 살펴봐도 알 수 있어요. 먼저 꽃을 피웁니다. 겨울눈에서 꽃이 나와요. 그런데 모든 겨울눈에서 꽃이 나올까요? 장담할 수 없습니다. 꽃이 핀 다음 모든 꽃이 꽃가루받이할 수 있을까요? 그것도 모르는 거죠. 꽃가루받이가 된 꽃에서는 모두 건강한 열매가 열릴까요? 역시 알 수 없습니다.

열매가 제대로 익었다고 해도 씨앗이 멀리 날아간다는 보장도 없습니다. 만약 멀리 갔다면, 좋은 곳에 잘 떨어졌을까요? 또 그 씨앗들이 모두 싹을 틔웠을까요? 싹이 난 나무는 모두 엄마나무처럼 커다랗게 자랄 수 있을까요?

이렇게 여러 번의 확률을 거쳐야 우리가 보는 커다란 나무 한 그루가 됩니다. 이 얼마나 어려운 과정인가요! 수많은 식물이 모두 이런 과정에 놓여 있습니다. 그러면서 죽기도 하고 살아나기도 하죠. 이런 것들이 사실 전부 운명이지요.

그런데도 식물들은 아랑곳하지 않을 거예요. 다음 해가 되면 소나무는 또 씨앗을 만들어낼 겁니다. 어디로 갈지 모르지만 불어오는

| 소나무 씨앗
부산 수업 갔다 주워온 덜 익은 솔방울을
방 안에 두니 어느새 벌어져서 씨앗이 나온다.
바람 부는 날 밖에 날려줘야겠다.
이 씨앗들 중 몇 개나 나무가 될까?

바람에 씨앗들을 날려 보내겠죠. 바람에 씨앗의 운명을 맡기는 겁니다. 강물에 빠져도, 아파트 옥상에 떨어져도 그저 운명을 받아들입니다. 아파트 옥상에 떨어진 씨앗은 또다시 바람이 불어 다른 곳으로 날아갈 수도 있어요.

동물의 배에 들어가 소화되어버린 씨앗들도 있습니다. 동물 배 안을 통과해서 배설되면 싹이 더 잘 나오는 식물도 있지만, 밤 같은 것은 씹어 먹어버리면 더는 씨앗 역할을 하지 못하게 되죠. 이렇게 수많은 운명을 받아들이고 살아가는 게 식물들의 삶이고 자연의 일입니다.

인간의 삶도 비슷해요. 운명을 받아들이지 않으려고 하거나 운명을 좋아하지 않으면 당사자만 힘들어집니다.

몇 해 전 태풍이 심하게 불어 부모님께서 애써 키운 벼가 모두 쓰러진 일이 있습니다. 벼가 쓰러지면 농부들은 어떻게 할까요? 마음 아프지만 벼를 모두 베어낼까요? 아닙니다. 쓰러진 벼를 다시 세웁니다. 두 포기, 세 포기씩 묶어서 세우지요. 제가 곁에 있었으면 도와드렸을 텐데 그해는 도와드리지 못했어요. 전화로만 말씀드렸습니다.

"아버지, 이번 태풍에 벼가 많이 쓰러졌다면서요?"

"응. 전부 다 쓰러졌다."

"아이고 어떡한대요?"

"어쩌긴 어쩌냐 세워야지"

간단한 대화지만 아버지 말씀에 감동했습니다. 농부들은 한 해 두 해 농사지어본 게 아니잖아요. 수십 년간 농사를 지으면서 제 뜻대로 안 된 적이 얼마나 많겠어요. 하지만 농사는 하늘이 도와야 할 수 있는 일이니 하늘에 맡기는 수밖에요. 농부들이야말로 운명을 잘 받아들이는 것 같아요.

태풍이 오면 나무에서 잘 익어가던 열매가 떨어져 버립니다. 태풍만 불지 않았어도 제대로 익어서 이듬해 새롭게 나무가 될 운명이었을 수도 있는데 말이죠. 덜 익은 채로 미리 떨어지는 바람에 씨앗 역할을 할 수 없게 되었지만, 뭐 어쩌겠어요? 너무 슬퍼하지 않아도 되는 게 그 열매는 썩어서 개미나 다른 곤충들의 먹이가 되기도 하고, 땅에 거름이 되어 흡수되기도 합니다. 떨어졌지만 자연의 일부로 돌아가는 거죠.

사람도 마찬가지입니다. 모두가 인정하는 최고의 삶을 살 필요는 없어요. 지금 이 순간 살아있는 그 자체가 성공이고 행복입니다. 좀 다른 삶을 산다고 해서 그게 실패한 삶은 아니에요.

지금 이 순간 책을 읽는 게 행복이고, 맛있는 돈가스를 먹는 게 행복이고, 부모님과 마주 앉아서 김치찌개에 밥 한 공기 먹는 게 행복이고, 창밖을 봤는데 구름이 너무 예쁘게 떠 있어서 '와~ 이쁘다' 하고 생각하는 게 바로 행복입니다.

나무의 꿈은 무엇일까?

여러분은 꿈이 있나요? 저는 어릴 적에 꿈이 참 많았어요. 대통령, 과학자, 검사, 대학교수, 육상선수, 화가, 외교관….

세상은 우리에게 꿈을 꾸라고 합니다. 포기하지 말고 꿈을 꾸고, 꿈을 꿔야 이룰 수 있고, 이뤄야 성공할 수 있다고 합니다. 그런데 가만히 생각해보면 우리가 꾸는 꿈이 진짜 꿈일까요? 저는 아닌 것 같아요.

여러분에게 "네 꿈은 뭐니?" 하고 물으면 "의사요" "가수요" "요리사요" 하고 저마다 이야기를 하겠죠. 그런데 이건 꿈이 아니라 직업이잖아요. 그렇다면 저 질문은 "네가 하고 싶은 직업을 선택하기 위해 열심히 노력해라"라고 말하는 거나 다를 바가 없어요. 다르게 해석하면 좋은 직업을 가져서 돈을 많이 벌라는 말이고요.

우리는 흔히 말하는 '성공'을 보통 꿈이라고 말하는 것 같아요. 성공이 무엇인가 하고 들여다보면 돈을 잘 벌거나, 유명인이 되는 거고요. 결국 잘나가는 사람이 되라는 말이죠.

김연아 선수처럼 되고 싶어서 피겨를 막 시작하는 아이가 있습니다. 그런데 같은 목표를 가지고 피겨를 하는 아이가 100명이 있다면 그중 김연아 선수처럼 되는 사람은 몇 명일까요? 결국 1명이죠. 그렇다면 나머지 99명은 실패한 인생이네요. 성공할 확률보다 실패할 확률이 훨씬 높은 거고요.

이런 식이라면 대다수 사람은 무엇을 꿈꾸든 결국 실패할 확률이 높다는 말이니 나중에 실망이 정말 크겠어요. 실컷 노력하고 모든 걸 다 바쳐서 달려왔는데, 결국 실패했으니까요. 기운이 빠지고 화나고 허무함이 이만저만이 아닐 겁니다. 급기야 우울해질 수도 있고요.

이런 것은 좋은 꿈이 아닙니다. 성공이라는 단어는 결코 우리의 꿈이 될 수 없어요. 누군가를 밟고 올라서야 하는 성공은 행복한 삶이 아니라고 생각합니다. 세상이 여러분에게 꿈꾸라고, 성공하라고 외치고 닦달하지만, 여러분은 흔들리지 말고 행복한 삶이 무엇인지 찾으려 노력해야 합니다. 아니, 노력하지 않아도 됩니다. 그저 맛있는 밥만 먹고 살아도 그 안에 행복이 있을 거예요. 김연아 선수는 김연아 선수대로 멋진 인생을 살고, 여러분은 여러분대로 멋진 인생을 사는 거죠.

예전에 들었던 재미난 이야기를 하나 해드릴게요.

초창기 미국 어느 마을에 선교사 한 명이 길을 걷고 있었습니다. 아이들이 학교에 갈 시간이었는데 한 인디언 소년이 강가에서 낚시를 하고 있었어요. 선교사가 다가가서 물었습니다.

"넌 왜 학교에 안 가고 여기 있니?"

"학교 가는 것보다 낚시가 더 좋아서요."

"그래도 학교에 가야지."

"학교를 왜 가야 하는데요?"

"학교에 가야 중학교에 들어갈 수 있지."

"중학교는 왜 가요?"

"중학교에 가야 나중에 고등학교에 갈 수 있으니까."

"고등학교는 왜 가요?"

"고등학교에 가야 좋은 대학에 갈 수 있어."

"좋은 대학은 왜 가야 하죠?"

"좋은 대학을 나와야 나중에 좋은 직장에 갈 수 있단다."

"좋은 직장은 왜 가야 해요?"

"좋은 직장에 가야 돈을 많이 벌 수 있거든."

"돈은 왜 많이 벌어야 해요?"

"돈을 많이 벌면 여유 있는 삶을 살 수가 있어."

"여유 있는 삶이란 건 뭐예요?"

"음… 일만 하는 게 아니라, 주말에 …뭐랄까? 그래, 계곡에서 낚시를 즐긴다던가? 그런 거야."

"낚시라면 지금 이미 하고 있는걸요."

"…."

행복한 삶을 살기 위해 지금의 행복을 버리고 사는 것이 얼마나 어리석은 일인지 알게 해주는 재미난 우화라고 생각합니다.

여러분은 지금 성인이 된 후에 더 좋은 삶을 살기 위해 여러 가지를 준비하는 시간을 보내고 있습니다. 아직은 현실적으로 좋은 대학을 나와야 좀 더 편하고 즐거운 삶을 살 수 있는 세상입니다. 그런데 그런 삶이 과연 행복한가를 물으면 꼭 그렇지만은 않은 것 같아요.

대기업을 다니는 사람, 판사, 국회의원, 회사 사장님 등 많은 분을 만나보았는데 모두 매일 힘들게 살면서, '난 왜 이렇게 살까?' 고민을 많이 하고 있습니다. 직업의 차이가 행복의 차이를 만들지는 않아요.

나무 이야기를 한번 해볼까요. 우리는 나무가 아니라서 나무의 마음을 알 수는 없습니다. 나무의 꿈이 무엇인지, 나무의 행복이 무엇인지 모르죠. 그렇지만 나무가 사는 모습을 보면 어느 정도 유추할 수는 있어요.

숲속에서 어떤 나무가 가장 성공한 나무이고 어떤 나무가 가장 멋진 꿈을 이룬 나무일까요? 나무는 씨앗에서 뿌리내리고 살면서 광합성을 하고, 양분을 만들고, 꽃을 피우고, 그 꽃이 열매가 됩니다. 나무는 다음 세대를 이어가는 이 과정을 행복이라고 생각하지 않을까요?

그렇다면 토양이 건강하고 해가 잘 비치는 곳에 살면 좋겠지요?

| 어린 신갈나무
너는 무슨 꿈을 꾸고 있니?

그런데 숲속 모든 곳이 해가 잘 비치지는 않아요. 그리고 옆에 커다란 나무가 먼저 자리하고 있다면 그 나무에 가려서 햇빛을 잘 받을 수 없고요. 그런 경우에는 키를 좀 더 키우거나 다른 쪽으로 가지를 뻗어서 그 상황을 극복하려고 합니다. 나뭇가지가 한쪽으로만 뻗지 않고 사방으로 뻗기 때문에 어느 쪽에 빛이 있든 받을 수 있기도 하고요.

나무에게도 어떤 목표와 꿈이 있을 수도 있지만, 그것을 모두 이룰 수는 없어요. 애써 꽃을 피웠는데, 꽃가루받이를 못 할 수도 있고, 원하는 곳에 씨앗이 정확하게 떨어질 가능성도 적습니다.

한편으로 나무에게는 아무런 계획도 꿈도 없을지도 몰라요. 그저 주어진 환경에 적응하면서 사는 걸 수도 있죠.

미래를 위해 계획을 세워야 한다고 하지만 어쩌면 무계획이 좋을 수도 있습니다. 꿈은 욕심을 갖게 하고 그 욕심은 욕망이 되어 다른 이보다 높은 위치, 좋은 위치를 탐하게 하잖아요. 그 욕망을 채우기 위해 다른 이와 경쟁하며 끊임없이 비교하게 되고, 자기 위치가 남보다 낮으면 실망하고 허무함을 느낍니다.

나무처럼 내가 발 딛고 살고 있는 이 세상을 너무 탓하지 말고 그냥 받아들여 보는 것도 좋다고 생각해요. 아무리 탓해봤자 달라지는 건 없으니까요. 우리는 얼마든지 세상을 멋지고 아름답게 살 수 있어요!

모로 가도 행복하면 그만

요즘 '행복'이라는 단어가 많이 언급되고 있습니다. 그만큼 행복에 대한 대중들의 관심이 늘었다는 뜻이지요. 참 좋은 현상인 것 같아요.

여러분은 언제 행복하세요? 개교기념일? 맛있는 떡볶이를 실컷 먹을 때? 아무런 간섭도 받지 않고 게임할 때? 사람들은 저마다 행복한 순간이 다릅니다. 시대에 따라 보편적인 행복의 기준도 계속 변하고요.

원시 시대 인간에게 행복은 뭐였을까요? 간밤에 짐승에게 물려 가지 않고 살아있는 게 행복이지 않았을까요? 조선 시대 평민들은 밥 한 끼만 제대로 먹어도 행복했을 거예요. 6.25 전쟁을 겪은 후에는 삼시 세끼 밥 먹고, 등 대고 누울 수 있는 집만 있으면 행복했을 겁니다. 지금은 돈을 많이 벌어야 행복하고, 좋은 집을 사야 행복하지요. 인간은 끊임없이 행복을 추구하기 때문에 시대에 맞춰 행복의 조건이나 경향도 변해온 것이죠.

요즘에는 '워라밸' '소확행'이 대세입니다. 워라밸은 '일과 삶의 균형Work-life balance'을 말하는데 1970년대 후반 영국에서 개인의 업무와 사생활 사이의 균형을 묘사하는 단어로 처음 등장했다고 해요. 우리는 앞 글자만 따서 워라밸이라고 말합니다. 예컨대 일이 힘들고 매일 야근하는데 월급으로 300만 원 주는 회사보다 정시 퇴근에 업무 강도가 낮지만 200만 원을 월급으로 받고, 보장된 퇴근 후의 삶을 즐기는 게 더 좋다는 거죠. 돈에 끌려다니지 않고 내 삶을 찾아 살겠다는 의미입니다.

소확행小確幸은 '작지만 확실한 행복'을 말합니다. 일본의 작가 무라카미 하루키가 자신의 책에서 행복을 묘사한 내용에서 비롯되었다고 하죠. 예컨대 '갓 구운 빵을 손으로 찢어 먹는 것' 이런 겁니다. 덴마크의 '휘게Hygge'나 스웨덴의 '라곰Lagom', 프랑스의 '오캄Au calme'도 같은 의미예요. 모두 행복을 거창한 것에서 찾는 게 아니라 일상의 소소한 것에서 발견하자는 의미죠.

숲속에 사는 동물과 식물 들은 언제 행복할까요? 풀과 나무는 광합성을 열심히 해서 양분을 만들고, 그 양분으로 건강한 씨앗을 만들어 번식에 성공하면 행복할까요? 메뚜기는 풀잎을 먹고 지내다가 짝짓기를 하고 알을 낳아 자손을 남길 때 행복할 수도 있습니다.

이들은 저마다 다른 것에서 행복을 느낄 거예요. 그 때문에 각각 다른 생존 전략을 취하고, 몸의 형태도 다르지요. 잣나무는 잎이 추위에 잘 견디도록 바늘 같이 생겼습니다. 그래서 추운 지역에서도 잘 살지요. 도깨비바늘은 동물 몸에 붙어서 이동해야 하니 갈고리를 달고 있고, 철새들은 자기들이 살기 좋은 온도에 맞춰 이동하며 삽니다. 저마다 주어진 상황에 맞게 자기 몸을 만들고, 그렇지 않으면 또 옮겨가지요.

세상이 아무리 소확행을 부르짖어도 자기만 좋다면 높은 이상을 설정해도 상관없습니다. 그것을 이루기 위해 자신을 제어하며 흐트러지지 않으려고 노력하는 삶이 나쁘다는 게 아니에요. 사람마다 추구하는 가치와 목적은 다르니까요.

다만 이런 사람도 있고 저런 사람도 있다는 걸 알아야 합니다. 다른 누구의 삶도 좋은 인생이라고 인정해야지요. 세상이 어느 한쪽으로만 흘러가거나, 특정한 직업만 우대하거나, 어떤 기준에 미치지 못한다고 무시하는 행동은 잘못된 겁니다. 세상에 기대하는 일이 있다면 나부터 먼저 실천하고 바꿔보는 것도 좋지요.

매미처럼 살 수 있을까?

여름이 되면 귀가 따가울 정도로 울어대는 녀석이 있어요. 올해 여름은 무척이나 더웠는데 낮에는 조금 쉬다가도 아침저녁으로 울어대더라고요. 바로 매미입니다.

매미는 왜 이렇게 죽기 살기로 열심히 울까요? 그 이유는 생애 마지막이 얼마 남지 않았기 때문입니다.

여러분은 죽기 살기로 열심히 해본 일이 있나요? 아직 죽음을 생각할 나이는 아니니까 죽기 살기라는 표현은 좀 그렇죠. 다른 것보다 더 열심히 하거나 집중해서 한 일이 있나요? 공부든 운동이든요. 특히 내가 재미있어서 열심히 한 일은 무엇인가요? 게임인가요?

저도 어릴 적에 게임을 참 좋아했습니다. 요즘 게임 말고 '비석치기'를요. 비석치기는 돌로 하는 전래놀이인데 요즘에는 잘 안 해서 모를 수도 있어요. 그래도 책에서 보거나 전래놀이 선생님이 학교에 오셨을 때 한두 번쯤 해봤을지도 몰라요.

아무튼 비석치기가 왜 좋았냐면 친구들 옷을 붙잡고, 잡아채고, 넘어뜨리는 놀이가 아니라 내가 얼마나 집중하고 열심히 하느냐에 따라 승부가 결정되어서 성취감이 있었어요. 단계가 나뉘어 있는데, 1단계를 성공하면 2단계로 레벨업 되는 느낌도 좋았고요. 어릴 적부터 공격적인 놀이보다는 서로 노력한 결과로 승부가 나는 놀이를 좋아했거든요.

비석치기 하다가 제 돌이 깨지면 어찌나 속상하던지. 종일 냇가에 나가서 심사숙고 끝에 찾았고, 땅에 잘 세워지라고 바닥도 매끄럽게 갈았거든요. 그런 수고가 허망하게 깨져버리면 기운이 빠지죠.

고작 돌멩이 하나 깨진 건데 왜 그리 기운이 쏙 빠질까요? 바로 그 돌에 제 마음이 들어갔기 때문입니다. 돌멩이 하나를 찾느라 보낸 시간, 여러 돌 중에 유독 그 돌이 더 제 눈에 띄었고, 갈면서 정성을 쏟았고, 한순간이지만 정말 저를 즐겁게 해주었잖아요. 그러다 보니 어느새 돌이 제 분신이 된 것이죠. 돌에 마음을 쏟는 것, 그것은 일종의 집중과 몰입이기도 합니다.

매미는 우는 데 최선을 다합니다. 매미는 진동판을 울려 소리를 내고 그 소리는 종류마다 달라요. 매미가 이렇게 시끄럽게 우는 이유는 주로 짝짓기를 위해 암컷에게 잘 보이기 위해서입니다. 자기들끼리 의사를 전달하기 위해서이기도 하고요.

1971년 《사이언스지》에는 매미가 자신을 먹이로 삼는 새들에게 큰 소리로 울어서 고통을 안겨준다는 연구 결과가 실리기도 했습니다. 특히 도심에서 우는 '말매미' 소리는 다른 매미 소리보다 커서 곁을 지나게 될 때면 시끄럽다는 생각이 들곤 하죠. 그런 말매미 소리도 도심 속 소음에 묻히지 말고 짝에게 잘 들리라고 울어대는 소리라고 하니 한편으로는 짜증만 내기보다는 안쓰러운 녀석이라며 이해해줄 필요도 있겠네요.

잘 알다시피 매미는 땅속에서 오래 살고 밖에 나와서 한 달도 못 살고 죽어요. 여름에 길을 걷다가 나뭇가지에 매달려 있는 매미 허물을 본 적이 있을 거예요. 땅속에서 지내다가 드디어 밖으로 나와서 허물을 벗고 매미가 되어 하늘로 날아가고 남은 것. 매미 허물 앞발을 자세히 보면 갈고리가 달려있습니다. 땅을 잘 파게 생겼죠. 매미는 땅속에 살면서 나무뿌리 수액을 먹고 지냅니다. 그러다 껍질을 벗을 때가 되면 기어 나와요.

매미 허물을 발견하면 그 아래 땅을 보세요. 땅에 지름이 약 1센티 되는 구멍이 뚫려있을 거예요. 바로 매미 애벌레가 나온 구멍입니다. 밖으로 나와서 마치 헐크처럼 등이 갈라지고 초록색 매미가 나와요. 날개를 팽팽하게 잘 말리고 나면 우리가 알고 있는 검은색에 가까운 매미가 되어서 푸드득! 하고 날아갑니다. 그 후에는 나무 수액을 빨아먹으며 자기 짝을 찾기 위해 헤매고 다니지요.

매미는 땅속에서 사는 기간이 땅 밖으로 나와 사는 기간보다 훨씬 길어요. 그것을 안타깝게 생각하는 사람들도 많지요. 불쌍하다고 하는데, 어쩌면 땅속 삶이 매미의 운명이고, 본연의 삶일지도 몰라요. 매미에게 땅속이 좋은지 땅 밖이 좋은지 물어보진 않았으니 알 길이 없지만 오래 머무는 것은 그럴만한 이유가 있기 때문 아닐까요?

힘든데 오래 머물 리는 없으니까요. 땅속에서 나무뿌리 수액을 먹으며 즐겁게 지내다가 밖으로 나와 우화(번데기가 날개 있는 성충이 되는 것)해서 짝짓기하고 죽는 삶. 그 삶이 매미에게 잘 맞으니 그렇게 사는 게 아니겠어요?

매미 허물을 보면 드는 생각이 있습니다. 땅속에서 오랜 시간 살다가 어느 한순간 이렇게 모습을 바꿔서 하늘을 날아가다니! 놀랍지 않나요? 매미만이 아니라 나비나 나방의 생태도 그렇죠. 물속에서 오래 살다가 날개가 생겨 하늘로 날아가는 잠자리, 하루살이 등의 생태를 봐도 같은 생각이 듭니다.

몇 년을 물속이나 땅속에서 특정한 형태의 몸으로 살다가 어느 날 어느 순간 때가 됐다는 것을 알고 밖으로 나와서 허물을 벗어버

| 매미 허물
꽤 오랜 시간 나뭇가지에 걸려있다.

참매미

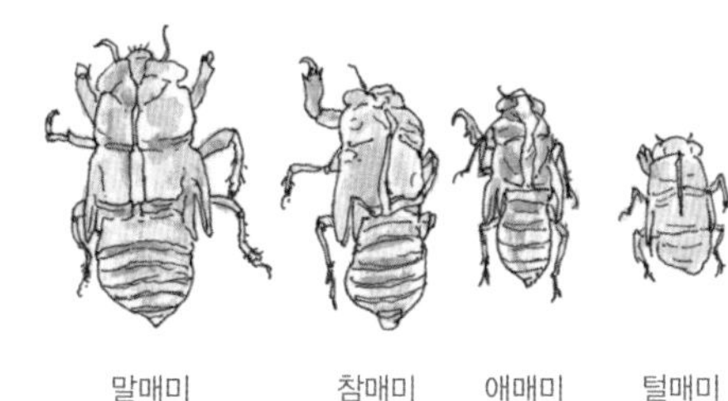

말매미 참매미 애매미 털매미

리고 하늘로 날아가는 모습은 마치 장자의 제물론에 나오는 '곤'이 '붕'이 되는 것(편협한 자아와 편견으로부터 해방되어 자유로운 삶을 살아가는 것을 은유하기 위한 이야기)과도 같고, 역시 장자의 '오상아吾喪我'라는 말을 연상케 합니다.

오상아는 내가 나를 죽이고 장사 지낸다는 뜻입니다. 뭔가 좀 무섭죠? 말인즉슨 과거의 나를 과감히 버리고 새롭게 태어난다는 뜻이에요. 매미를 우습게 보면 안 됩니다. 인간보다도 매미가 더 잘 실천하고 있잖아요.

매미를 비롯한 수많은 곤충은 대부분 탈바꿈이라는 과정을 통해 몸의 형태를 바꿔가며 삽니다. 지구상에 사는 동물의 80%가 곤충이라고 하죠. 곤충이 번성할 수 있었던 여러 이유 중 하나가 바로 주어진 환경에 맞게 적응해서 살기 위해 여러 형태의 몸을 가졌다는 것입니다.

추운 겨울은 알로, 많이 먹어야 할 때는 애벌레로, 성충으로 우화하기 위한 준비 과정은 번데기로, 짝짓기를 위해서는 날개를 달고 있는 성충으로. 제각각 상황에 맞게 몸을 변화시켜서 살아가지요.

하나의 모습, 생각만을 고집한 채 자신과 맞지 않는 것은 비난하고 탓만 하기보다 세상에 맞춰서 자신을 변화해 나가는 것이 더 현명한 삶의 자세가 아닐까요? 우리는 곤충처럼 외모를 바꾸지는 못합니다. 하지만 생각은 바꿀 수 있어요. 주어진 삶을 잘 살다가 내가 가진 모습 중 버리고 싶은 모습이 있다면 과감하게 허물 벗듯 벗어보는 건 어떨까요? 쉽지 않겠지만 한번 시도해보는 거죠. 매미가 그랬듯이.

4장.

선택한 것은 감당하면 된다

질경이에게 배우는 삶의 지혜

대학을 갈 때 제 목표는 외교관이었어요. 그런데 입학하자마자 '이 길은 아니다'라는 판단을 했습니다. 이후 동아리 활동을 하면서 연극연출가를 꿈꾸기도 했죠. 취직에는 큰 관심이 없었답니다. 그러다 4학년 때 다시 꿈이 바뀌는데요. 바로 만화가입니다.

제가 만화가가 된다고 했을 때 주변 사람들 대부분이 반대하고 이상한 사람 취급을 했어요. 만화가가 되기에는 진로 결정을 너무 늦게 했다는 의견이 대부분이었습니다. 가장 많은 반대 의견은 돈 벌기가 어렵다는 것이었고요.

만화가 선생님을 찾아뵙고 제자로 받아달라고 부탁드리는데 그분 역시 같은 말씀을 하셨습니다.

"멀쩡한 4년제 대학 좋은 과를 졸업하고 왜 굳이 어려운 만화가의 길을 가려고 하니?"

"제가 좋아서 하고 싶은 겁니다"라고 말씀드렸더니 또 이렇게 물으시더군요.

"자네 친구들은 지금 졸업해서 대기업에 취직하고 월급도 많이 받는데, 만화가를 선택하면 자네는 앞으로 최소 5년, 길면 10년이 되도록 제대로 돈을 벌지 못할 거야. 그럴 마음의 준비는 되었나?"

저는 당연히 "네, 각오는 되어있습니다"라고 대답했지만, 솔직히 마음속에 갈등이 있기는 했어요.

'내가 만화가로 성공할 거라는 보장이 없는데, 안정적인 길을 놔두고 불확실한 작가의 길을 가는 게 과연 잘하는 일일까?'

누구나 살다 보면 이런 판단의 갈림길에 서는 상황이 분명 생깁니다. 이럴 때 어떤 선택을 하는 게 좋을까요? 우리 주변에 흔히 보이는 풀이 하나 있는데 그 이야기를 먼저 해볼게요.

길을 걷다 보면 어디서나 만날 수 있는 풀이 있습니다. 바로 질경이에요. 한자로는 차전초車前草라고도 합니다. 수레 앞을 막은 풀, 수레에 밟히는 풀이죠. 질경이는 다른 풀에 비해서 잎과 줄기가 질기기 때문에 웬만해선 잘 찢어지지 않아요. 어릴 적엔 질경이 줄기를 뜯어서 누구 것이 더 질긴지 당기기 놀이도 했답니다. 질경이 잎을 찢어보면 안에 하얀 실 같은 게 있어요. 그것이 잎을 더 질기게 하죠. 이름도 질기다 해서 질경이가 됐다고도 합니다.

질경이는 다른 풀과는 달리 주로 길에서 자랍니다. 키가 작아서 다른 풀, 혹은 나무와 경쟁하기가 어렵거든요. 깊은 숲에서는 자라기가 힘들죠. 그런데 사람이 자주 오가고, 자동차가 달리는 곳에서는 원래 풀이 살기 힘들어요. 짓밟히거나 뜯겨나가기 쉬우니까요. 풀이 생존하기 힘든 환경인 길에서 다른 풀과는 달리 질경이가 살아남을 수 있었던 이유는 역시, 질기기 때문입니다.

질경이는 씨앗을 번식하는 방법도 특이해요. 수레바퀴나 사람이 지나가면서 건드리면 사발 같은 곳에 담겨 있던 작은 씨앗이 나옵니다. 그 씨앗이 바퀴나 신발 바닥, 옷 등에 묻어서 이동하지요. 그러다 길에 또 떨어지게 되면서 번식합니다. 사람들에게 밟히며 번식하는 질경이의 전략이 참 경이로워요.

세상은 우리에게 자신이 하고 싶은 일을 찾으라고 합니다. 내가 좋아하는 일이 무엇인지 알아보라고 하죠. 그런데 그게 말처럼 쉽지가 않아요. 책이나 텔레비전에 소개된 직업들은 다 멋져 보이는데 왠지 내 맘에 꼭 들지 않습니다.

한편으로는 아직 직업으로 삼을 만한 것을 정하기가 버겁기도 합니다. 그래서 걱정이 시작되고 다른 사람들과 거리가 벌어지는 것 같아 소외감을 느끼기도 하죠. 밀려난 기분도 들고요.

| 질경이

잎을 찢어보면
질긴 심이 들어 있다.

질경이 씨앗은 냄비처럼 뚜껑이 있다. 잘 익으면 조그만 충격에도 뚜껑이 잘 열린다. 그러면서 안에 있는 깨알 같은 씨앗이 밖으로 나온다. 사람이 걷다 보면 발에 밟히거나 건드려서 씨앗이 신발에 묻거나 바닥에 붙는다. 그런 이유로 질경이는 산 정상에 가도 있다. 사람의 영향으로 전국 어디에나 있게 된 것이다.

물론 어른들이 말하는 좋은 직업을 갖는 게 나쁘지는 않습니다. 공무원이나 대기업, 공기업 회사원처럼 사람들이 선호하는 직업에는 그 이유가 있어요. 이런 직업들은 많은 시간을 거쳐 소위 말하는 '안정성'이 검증된 직업들입니다. 비록 일이 힘들지라도 급여가 좋고, 남들이 보기에도 멋져 보이고, 연금 같은 복지 정책도 좋거든요.

사람들이 꺼리는 직업인 농부나 예술가 같은 일도 그만한 이유가 있습니다. 어렵다는 거예요. 일에 익숙해지기도 힘들고, 익숙해졌다고 해서 급여가 높은 것도 아니고, 복지 정책이 따로 마련되어 있지 않은 경우도 많죠. 고민해서 골랐는데 그 직업을 이어가는 길이 평탄하지 않을 수도 있습니다.

질경이가 다른 식물들이 자라는 숲을 피해 길로 나왔듯이 남들이 가지 않는 길을 선택하면 '시련'이 기다립니다. 그 시련에 질 것인가 이겨낼 것인가는 오로지 자신에게 달렸습니다.

질경이는 자기 몸을 질기게 만들어서 다른 풀에게는 시련인 사람들의 발길을 극복하고 나아가 그 발길을 번식 전략으로 이용했습니다. 인생에 시련이 꼭 필요한 건 아니지만 힘든 시기가 찾아왔을 때 질경이처럼 어떻게든 그 시기를 잘 넘기는 전략을 세우는 것은 중요하다고 생각합니다.

세상에는 아주 많은 직업이 있고, 언젠가는 나에게 맞는 직업을 찾아 일하며 살아가겠죠. 그런데 그게 끝이 아니잖아요. 내가 좋아해서 고른 직업이든 아니든, 또 남들이 보기에는 편해 보이는 직업일지라도 모든 일에는 시련이 있습니다.

어떤 일을 스스로 만들어갈 때는 언제나 크고 작은 시련이 찾아옵니다. 그 시련을 타파할 수 있는 창의적인 아이디어나 부모의 도움도 중요하지만 결국 스스로 견디고 고집스럽게 나아가는 뚝심도 필요하지요. 반짝거리는 아이디어만 지나치게 강조하는 시대에서 인내하며 꾸준하게 자기 길을 가는 힘을 기르길 바랍니다. 이것이 질경이에게 배우는 삶의 지혜입니다.

내 상처는 내가

나무는 자라면서 필요 없는 가지를 스스로 떨어뜨립니다. 하지만 원치 않는 상황에서 가지가 부러지거나 사람이 가지치기한 경우 아직 살아있는 가지가 잘려나간 것이므로 상처 난 부위를 치유해야 하죠. 껍질 안쪽에 살아있는 세포가 부풀면서 부러진 자리를 메워줍니다. 상처가 크면 좀 더 걸리고 작은 상처는 금세 아물어요.

공원을 산책하다 보면 나무줄기 부분에 도넛 같기도 하고 베이글 같기도 한 동그란 고리 모양을 본 적 있을 거예요. 그게 바로 잘린 부분을 치료하고 있는 겁니다. 고리 모양이라서 '새살고리'라고 불러요.

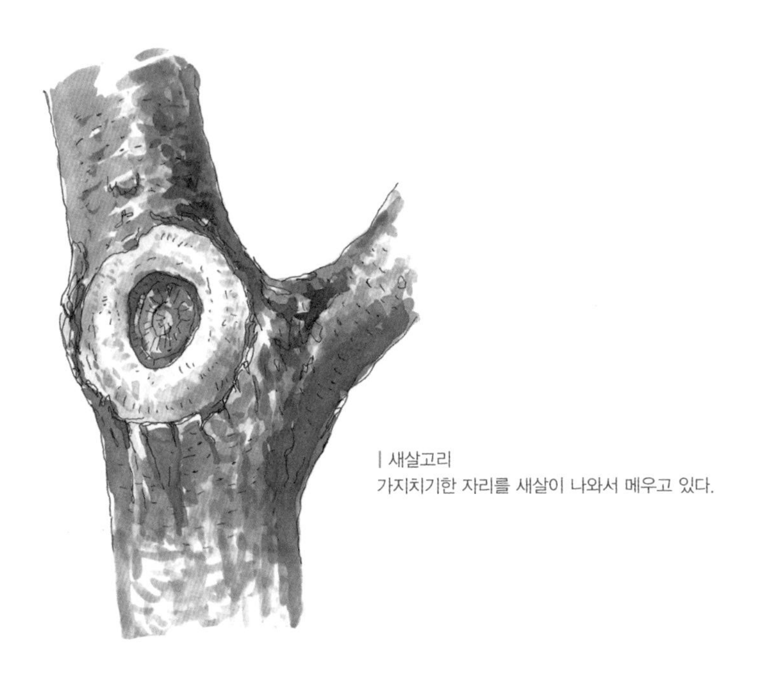

| 새살고리
가지치기한 자리를 새살이 나와서 메우고 있다.

나무에게는 가지가 잘린 상처 말고도 여러 상처가 생기는데 그럴 때마다 스스로 치료를 합니다. 상처가 너무 크면 상처를 감싸는 게 오래 걸리고 그 틈에 버섯균이나 하늘소 같은 곤충이 침투해서 썩을 수도 있지만, 그 역시도 스스로 잘 방어해냅니다. 상처를 스스로 이겨내는 것이지요. 나무만이 아니라 숲속에 사는 동물들도 상처를 스스로 해결할 수밖에 없습니다. 병원이 없으니까요.

인간도 예전에는 스스로 이겨냈을 거예요. 그런데 요즘에는 약도 있고, 의사도 있으니까 다른 사람에게 상처 치유를 맡깁니다. 몸의 상처만이 아니라 마음의 상처도 다른 이들이 치유해주길 기대합니다.

"김○○ 너무 싫어. 학교에서 날 못살게 해."

"○○만 탓할 게 아니야. 너도 잘못한 게 있을 거야."

"누가 나한테 충고해 달래? 위로해달라고!"

친구들을 만날 때마다 '불행배틀'을 펼치기도 합니다. 즐겁자고 만났는데 매번 자신의 불행을 말하며 위로해달라고 하지요. 최근에는 이런 행태가 하나의 사회 현상으로 불거지고 사람들이 공감하면서 '에너지 흡혈귀' '감정 쓰레기통' 같은 신조어까지 생겼습니다.

물론 마음이 아픈 사람의 손을 잡고 위로하고 보듬어주는 것도 중요합니다. 하지만 그게 전부는 아니에요. 상처가 났으면 소독한 다음 수술하고 꿰매야지 그냥 덮어두고 반창고만 바르면 곪고 썩습니다. 지금 당장 째지 않으니 덜 아플지 모르지만, 치유가 되지는 않죠.

한편 우리는 흔히 상처받았다는 말을 합니다. 그런데 그 상처가 왜 생기는지 원인을 들여다보면 결국 본인에게 이유가 있음을 알게 됩니다. 무슨 말인가 하면 상처를 받고 안 받고는 자기 마음의 문제라는 거죠.

예컨대 친구가 "너희 집은 가난해서 이런 거 못 살 거야" 하고 멋진 운동화를 자랑했다 칩시다. 그 말에 상처받아서 그 친구를 미워하고 다른 친구에게 가서 "걔가 나한테 뭐라고 한 줄 알아?" "어떻게 친구끼리 그런 말을 할 수 있니?" 하며 절교를 하느니 마니, 심지어 싸움을 벌이는 경우도 있어요.

우리 집이 가난하면 그 아이가 맞는 말을 한 겁니다. 아니라면 그 아이가 틀린 말을 한 것이고요. 집이 부자라면 다음날 보란 듯이 운동화를 사가도 됩니다. 속상해하고 싸울 필요가 없어요.

친구의 말에 상처받은 이유는 실제로 자기 집이 가난해서일 거예요. 또 그게 자신에게 창피한 일인 거죠. '우리 집은 가난하다. 친구들에게 들키고 싶지 않다. 그게 내 콤플렉스다.' 이런 생각을 평소에 하고 있다 보니 '가난'이라는 단어에 발끈하게 되고, 상처받게 되고, 힘들어하게 되는 겁니다.

친구가 그런 말을 아예 하지 않는 게 제일 좋겠죠. 하지만 살다 보면 친구끼리 한두 번 실언할 수도 있습니다. 그런 말에 상처받는 것은 자신의 몫입니다. 상처를 안 받는 것도 자기 몫이고요. 상처는 외부에서 누군가가 내게 주는 게 아니라 내 안에서 외부에서 오는 말을 예민하게 받아들인 것일 수도 있습니다. 사람이다 보니 그냥 넘겨도 되는 일에 화를 내기도 하고요.

'상처받은 것은 내 문제다. 걔를 탓할 일이 아니다'라고 생각하면 그 말을 한 아이가 그다지 밉지 않을 거예요. 그러면 싸우지도 않겠지요.

"맞아. 우리 집 가난해. 우리는 언제 너희 집처럼 부자가 될까? 너희 집 부자니까 내 것도 하나 사줄래? 우리 친구잖아. 응?" 이렇게 너스레를 떨 수도 있습니다. 어떻게 반응할지는 결국 내 몫인 거죠.

그런데 우리는 보통 다른 친구에게 달려가 자기 위주로 이야기를 전달하고, 자기를 이해해주길 바라는 마음으로 상황을 설명합니다. 친구들은 동정심으로 위로를 해주고요. 또 그 말이 너무 좋다고 하고 고맙다고 하죠.

한편으로는 내가 어떤 일에 상처받았다면 그때 바로 직시해야 합니다. '아! 나는 이런 일에 상처받는구나. 어떤 마음이 이런 일에 상처받게 하는 거지? 원인이 뭐지?' 하고 놓치지 말고 끈질기게 질문하고, 그 이유를 찾아내는 습관을 들여야 합니다. 쉽지 않겠지만 노력해보는 거죠. 그러면 진짜 나를 만나게 될 거예요. '아, 나는 이런 아이였구나' 하고요.

'진정한 용기는 내 안의 두려움을 들여다보는 것이다'라는 말이 있어요. 공자도 말했고, 성경에도 비슷한 말이 나옵니다. 정글북의 주인공 '모글리'도 비슷한 말을 했고요.

자신이 무엇을 두려워하는지 모르면 자신의 미래를 제대로 설계하기가 어렵겠지요? 물을 두려워하는데 어떻게 수영 선수가 되기를 꿈꾸고, 어떻게 바닷가로 여행 가기를 계획하겠어요. 내면에 두려운 것이 있다면 그것이 뭔지 알아야 인생을 잘 계획할 수 있습니다. 내면의 두려움이 결국 내가 가진 상처이자 단점일 수 있고요. 우리는 그것을 직시하는 연습을 해야 합니다.

저는 닫힌 공간을 두려워합니다. '폐소공포증'이 있어요. 특별한 기억은 없는데 닫힌 공간에 있으면 답답하고 숨이 잘 안 쉬어져요. 그래서 비행기 타기를 두려워합니다.

왜 닫힌 공간이 싫은지 생각해봤더니 마음대로 움직일 수 없어서인 것 같아요. 어릴 적부터 저는 하고 싶은 일을 맘껏 하면서 자라왔고, 말이나 행동을 할 때도 틀에 얽매이지 않고 자유롭게 표현하며 살다 보니 제한된 상황이 답답하게 느껴지는 것 같아요.

'세상에는 내 맘대로 안 되는 일도 있다' '다른 사람들은 잘만 타는데, 나도 타 보자' 하고 조금씩 연습을 했어요. 그래서 지금은 어느 정도 극복이 됐습니다.

나의 단점을 말하거나 조언이나 충고를 하는 친구를 보면 무조건 기분 나빠하거나 화내지 말고 반대로 나를 위한 거라고 생각해 봐요. 그 단점을 고치면 좀 더 나은 사람이 될 수 있으니 더 좋은 일이잖아요.

일부러 악의적으로 행동하는 사람이 있을 수도 있어요. 그런 사람은 반대로 그 사람에게 깊은 상처가 있다고 생각합시다. 그것을 감추기 위해 더 과장되게 행동하고 자기보다 조금 약하다 싶은 친구들을 괴롭히면서 자신의 존재감을 확인하는 거죠. 낮은 자존감을 다른 것에서 채우려고 하는 모습입니다.

쉽지는 않겠지만 그 친구에게도 나름의 고민이 있고, 그렇게 행동하는 데 이유가 있을 거라고 생각해보세요. 그 친구가 오히려 가엾게 보일 거예요. 물론 물리적으로 나에게 피해를 주는 행동을 한다면 용기 내서 하지 말라고 말하고, 믿을 수 있는 사람에게 도움을 청해야 합니다.

거위벌레의 책임감

6월부터 9월 무렵, 숲에 가면 땅바닥에 나뭇가지가 잔뜩 떨어져 있는 것을 보게 됩니다. 숲에 나뭇잎이나 나뭇가지가 떨어지는 게 당연하다고요? 그렇다고 그냥 지나치면 뭔가 발견할 기회를 놓치게 됩니다. 새로운 것을 발견하는 사람들은 대부분 호기심이 많고 관찰력이 좋아요. 예사로 보지 않고 멈춰 서서 다시 보는 거죠.

아직 낙엽이 질 시기가 아닌데, 그것도 마른 잎이 아니라 푸른 잎을 달고 있는 가지가 우수수 떨어져 있으니 신기하고 이상하죠? 그러면 일단 멈추고 살펴봅시다.

가지 하나를 들어보면 잘린 단면이 아주 매끄러워요. 바람에 흔

들려 떨어졌거나 청설모나 까치가 움직이면서 건드린 것이라면 단면이 칼로 자른 듯 매끈할 수가 없어요. 그런데 아주 매끈합니다. 다른 가지들을 봐도 모두 그러네요. 누군가 일부러 잘랐다고 볼 수 있겠어요.

범인은 누굴까요? 자연에서는 끊임없이 사건 사고가 벌어집니다. 그것을 알아채고 자연이 들려주는 이야기를 들을 수 있는 사람은 행운아입니다. 신기한 현상을 관찰하고 호기심을 충족할 수 있으니까요. 여러분도 기회가 되면 숲에 나가보세요. 분명 새로운 사실을 발견하게 될 테니까요.

자, 다시 본론으로 돌아와서 과연 누가 범인일까요? 아직 잎이 생생하다는 것은 최근에 잘렸다는 증거입니다. 어쩌면 방금 떨어진 것일 수도 있고요. 잠깐 그 자리에 서서 기다려볼까요? 또 떨어질 수도 있잖아요. 실제로 조금 기다리다 보면 가지가 하나 똑 떨어질 겁니다. 그 위를 올려다보면…!

아무것도 보이지 않아요. 당연합니다. 눈에 잘 띄지 않을 정도로 작은 생명체가 그 일을 했거든요. 바로 도토리거위벌레입니다.

잘린 가지에 달린 도토리에는 아주 작은 구멍이 하나 나 있어요. 그 구멍 안에 도토리거위벌레의 알이 들어있지요. 도토리거위벌레는 왜 도토리에 알을 낳을까요? 밖에다가 낳는 것보다 도토리에 넣어두면 보호받을 수 있겠죠. 게다가 알에서 깨어난 애벌레는 그 도

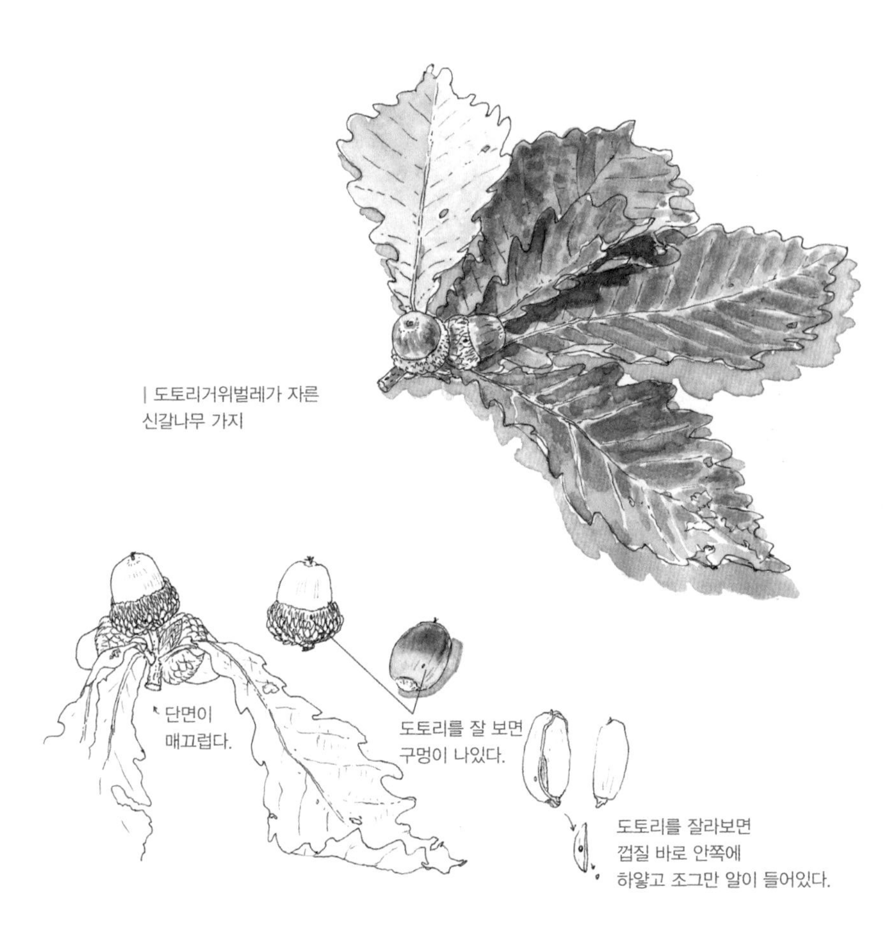

| 도토리거위벌레가 자른
신갈나무 가지

실제 크기

| 도토리거위벌레

토리를 먹으며 자랄 수 있고요.

아니, 그런데 왜 채 여물지 않은 도토리에 알을 낳고 가지를 잘라 떨어뜨렸을까요? 도토리가 여물면 다람쥐나 청설모 같은 동물들이 가져갈 수 있어서예요. 가을이 되기 전, 즉 도토리가 완전히 여물기 전에 미리 떨어뜨려 놔야 다람쥐나 청설모가 가져가지 않겠죠.

알에서 깬 도토리거위벌레 애벌레는 20여 일 후 종령(번데기가 되기 바로 전 유충 단계) 애벌레가 되면 도토리를 나와 땅속 7~11센티까지 파고 들어갑니다. 그 후 10달 동안 흙방에서 자며 겨울을 나지요. 이듬해 5월 말이면 번데기가 되고 6월에 드디어 어른벌레(성충)가 됩니다.

그러니까 땅속으로 들어갈 수 있게 미리 바닥에 떨어뜨려 놓지 않으면 나무에 매달려 있다가 땅으로 내려오는 동안 천적에게 먹힐 수 있겠지요. 도토리거위벌레 어미는 자식을 위해 이렇게 여러 가지로 신경을 씁니다.

그런데 그냥 도토리만 떨어뜨리면 될 걸 왜 가지째 떨어뜨릴까요? 오랜 시간 의문이었어요. 그리고 아직 정확한 이유를 몰라요. 다만 그냥 도토리만 떨어뜨리는 것보다 가지에 나뭇잎이 붙어있을 때 떨어뜨리는 것이 떨어질 때 받는 충격이 작을 것이라고 유추해볼 수는 있습니다. 도토리거위벌레가 그것을 계산해서 떨어뜨리는 건지 아닌지는 알 수 없어요. 관찰해보면 종종 도토리만 떨어진 것도 발견할 수 있거든요. 아마도 도토리가 나뭇가지에 바짝 붙어있기 때문에 도토리만 따로 떨어뜨리기 어려워 그냥 가지째 잘라버린 걸 수도 있습니다.

거위벌레 중에는 도토리에 알을 낳는 도토리거위벌레 말고 나무나 풀잎을 재단해서 요람을 만들고 그 안에 알을 낳는 거위벌레 종류도 많아요. 손톱만 한 거위벌레가 나뭇잎을 재단해서 이렇게 저렇게 접고 말아서 알을 감싸는 안전한 요람을 만드는 것을 보면 정말 기가 막힙니다.

저도 따라서 나뭇잎을 이리저리 접어봤는데, 이게 보기보다 어려워요. 요람이 바로 풀려버리거든요. 거위벌레는 나뭇잎 요람이 잘 풀리지 않게 마무리도 합니다. 그 어려운 것을 손톱만 한 거위벌레가 해내는 것이죠. 이렇게 어려운 일들을 척척 해내는 힘은 모두 자식을 위한 마음에서 나왔겠지요. 작은 곤충도 자기가 낳은 알을 잘 키우기 위해 노력합니다. 그것이 부모의 책임이고요.

최근 중학생들의 피임 교육 이야기를 들었습니다. 우리나라도 세월이 변하면서 많이 발전했다는 것을 느꼈죠. 제가 중학생일 때는 성교육 자체가 없었거든요. 고등학교에 올라가도 1년에 한 번 PPT 자료를 통해서 정자와 난자가 만나서 임신이 된다는 이야기 정도로 끝이었어요.

최근에는 그런 정도의 교육은 유아나 초등학교 저학년 때 진행하고 청소년 시기부터는 피임법을 알려주는 성교육을 하고 있다고 해요. 한 가지 아쉬운 점은 피임법을 아는 것보다 선결되어야 하는 것이 있는데 그 부분의 비중을 적게 둔다는 점입니다.

바로 책임감이에요. 내가 좋아하는 학생과 성관계를 하면 임신을 할 수 있습니다. 임신한다면 아이를 낳고 부모가 되면 되고요. 서로 사랑한 결과로 임신을 한 것이라면 전혀 나쁜 게 아닙니다. 물론 청소년 시기에 부모가 되면 어려운 점이 많겠지요. 그렇다고 성관계를 무조건 못하게 막는 것이 능사는 아닙니다. 피임하는 방법을 알려주는 이유도 여기에 있어요.

그런데 그런 교육이 한편으로는 책임감을 간과할 수도 있습니다. 우리가 숙지해야 할 것은 임신을 시키지 않는 방법이 아니라, 임신을 하게 되면 두 사람이 부모가 되어 책임을 져야 한다는 생각을 먼저 하게 하는 거예요.

부모가 응당 가져야 할 책임감이 결여되었거나, 잘못된 책임감이 우리 사회를 병들게 한다고 생각해요. 아무리 어리더라도 아이가 잘못하면 부모는 혼을 내야 합니다. 자기가 무엇을 잘못했는지 알아야 그 행동을 고칠 수 있어요. 적어도 다른 사람에게 피해가 가는 행동을 할 때는 혼을 내야 합니다.

요즘 '내 돈 내고 내 맘대로 하는데 누가 뭐라고 하든 무슨 상관이야?' 하는 논리를 가끔 접합니다. 물론 자기 돈 내고 자기 맘대로 하는 건 뭐라 할 수 없죠. 하지만 주변 사람들도 자유를 누릴 권리가 있어요. 다른 사람의 자유와 인권을 해치는 행위는 잘못입니다. 그럴 때는 혼이 나야 하고요. 그런데 간혹 자식이 잘못한 것을 묵인하거나 자신이 모두 감당하고 덮어쓰는 부모님들도 있어요. 다른 사람을 해치는 일이 벌어져도 자기 자식에게는 잘못이 없다고 생각하기도 하죠. 이런 건 잘못된 자식 교육입니다.

어릴 적부터 잘못한 것을 가르치는 게 책임감이에요. 자기가 한 행동으로 벌어지는 사태는 스스로 감당하는 습관을 길러야 합니다. 내가 친구를 때렸으면 내가 벌을 받아야지 부모가 해결해주는 것은 옳지 않아요. 범죄자가 되거나 감옥에 가야 한다는 말은 아닙니다. 청소년으로서 아직 미흡한 면이 있어 실수할 수도 있죠. 그 일로 인해 벌어진 문제는 본인이 책임져야 한다는 뜻입니다.

내가 아무리 잘났어도 다른 사람의 자유를 침해할 권리는 없어요. 그런 면은 어른들이 놓치지 않고 가르쳐야 하고요. 청소년들도 스스로 그런 부분은 마음에 새기면서 살아야 합니다.

무른 나무라도 괜찮아

숲 해설을 할 때 주로 '나무'에 대한 이야기를 많이 합니다. 나무가 우리 삶 속에 깊이 들어와 있기 때문이죠.

나라마다 탄생 설화나 건국 신화 등 오래된 이야기에 나무가 많이 등장하는데, 그 이유는 과거 사람들이 커다란 나무의 크기에 압도되었기 때문일 겁니다. 또는 사람보다 오래 사는 생물에 대한 경외감이 들었기 때문이겠죠.

이런 이유 말고도 나무가 우리 삶 속 깊이 들어오게 된 이유가 있습니다. 일상용품을 주로 나무로 만들었기 때문입니다.

나무의 단단함은 쓰기에 적당해요. 돌이나 쇠는 너무 단단해서 가공하기가 쉽지 않고, 흙이나 풀은 가공하기는 쉽지만 단단하지가 않아서 잘 부서집니다. 그런데 나무는 가공하기에도 좋고, 물건을 만들어놓으면 튼튼하잖아요. 그러니 사람들이 단단한 나무로 많은 것들을 만들게 되면서 우리 삶 속에 나무로 만든 건축, 예술작품 등이 많이 남아있게 된 것이죠.

그렇다고 해서 단단한 나무만 선호한 것은 아닙니다. 대나무나 버드나무는 잘 휘어지고 부러지지 않아서 바구니를 엮기가 좋지요. 일상용품 중에는 작고 얇은 나무를 여러 개 덧대서 만들 수 있는 사물도 많습니다. 단단한 나무만이 아니라 무른 나무도 일상에서 여러모로 사용됩니다.

저는 지금 서울역이 근처에 있는 후암동이라는 동네에 살아요. 후암시장이 있어서 장보기가 좋고 편리한 곳이죠. 집 근처 길가에는 오동나무 한 그루가 자라고 있었는데 꽤 컸어요. 아름드리로 자랐더라고요.

그런데 몇 년 전에 그 나무를 잘랐습니다. 아마도 길가에 있다 보니 불편해서 자른 것 같아요. 잘린 나무의 나이테를 세어보고 깜짝 놀랐습니다. 아름드리 오동나무인데 나이테가 25개밖에 안 됐어요. 느티나무나 참나무라면 100년 가까이 됐음 직한 굵기인데 겨우 4분의 1밖에 안 된 거예요. 반대로 말하면 그 나무들보다 4배나 빨리 자란다고도 할 수 있죠.

생장이 빠른 나무들은 조직이 무른 경우가 많아요. 오동나무도 무릅니다. 그러다 보니 단단한 목재가 필요한 곳에서는 쓸 수가 없어요. 단단하지 않아 아예 쓸모가 없는 건 아닙니다. 오히려 무르기 때문에 쉽게 가공할 수 있고 가볍지요. 휴대하기 편한 일상용품을 만들기에 좋습니다.

게다가 곧게 자라니 목재 낭비가 없고, 습기와 불에도 잘 견딥니다. 좀처럼 트지 않고 좀도 잘 생기지 않아서 옛날에는 오동나무를 장롱이나 뒤주 만드는 데 많이 썼어요.

특히 소리를 전달하는 성질이 좋아서 거문고, 비파, 가야금, 장구 같은 전통 악기를 만드는 데 이용되기도 했습니다. 서양에서는 독일가문비나무가 소리 울림이 좋아서 악기 제작에 많이 사용되지요. 우리나라에서는 그 역할을 오동나무가 하고 있습니다. 쓰임새가 많죠.

우리 삶도 비슷합니다. 강직한 사람은 부드럽기가 어렵지요. 섬세하고 꼼꼼한 사람은 일을 시원하게 결정하지 못하기도 하고요.

하나의 모습이 너무 강하면 다른 모습을 갖기가 어렵고, 또 반대되는 성격을 싫어하거나 멀리합니다. 그런데 모든 것에는 개성이 있고, 자기 능력에 맞는 역할이 있습니다. 나에게 없는 능력을 부러워하기보다는 자기 성향을 잘 활용하는 게 더 좋지 않을까요?

그런데 우리는 종종 욕심을 부려요. 노래도 잘 부르고 싶고, 공부도 잘하고 싶습니다. 내 이성 친구가 부드러우면서도 강할 땐 강했으면 좋겠어요. 재미있는 농담을 잘하는 친구가 내 마음도 잘 읽어주기를 바랍니다.

어느 하나를 잘하려면 그것을 얻기 위해 필요한 시간과 정성이 있습니다. 그것을 하는 데 에너지가 소모되어 다른 것까지 할 여력이 잘 안 생겨요. 뭐든 잘하는 사람도 가끔 있지만 그런 만능 재주꾼은 드뭅니다.

이왕 시간을 투자하고 노력할 거라면 공부를 잘하는 게 못하는 것보다는 좋고, 달리기를 잘하는 게 못하는 것보다 좋고, 그림을 잘 그리는 게 못 그리는 것보다는 좋지요. 하지만 공부나 달리기, 그림 그리기를 잘 못 한다고 그 사람이 무능한 것은 아닙니다. 공부는 못해도 다른 사람의 마음을 잘 읽을 수 있고, 달리기는 못 하지만 유머 감각이 뛰어날 수도 있고, 그림은 못 그려도 예술을 사랑할 수는 있으니까요.

자신이 다른 사람에 비해 좀 여리고 강단이 없다고 해서 실망하거나 창피해하지 않았으면 합니다. 이 세상에는 강한 사람도 필요하지만 그렇지 않은 사람이 필요한 직업이나 상황도 많아요. 단단한 나무는 여럿 있으니 몇 종류는 좀 물러도 되지 않을까요? 멋진 악기가 되어 오랜 시간 우리를 즐겁게 해주는 오동나무와 같은 무른 나무의 삶도 꽤 멋집니다.

나무가 좋을까?
풀이 좋을까?

나무와 풀 중에 누가 더 유리한 삶을 살고 있을까요? 둘 다 햇빛을 받아서 광합성을 하는데 키가 크고 덩치도 큰 나무가 유리할까요? 숲 바닥에 낮게 자라는 풀이 유리할까요? 누구 하나 딱 짚기가 어렵네요.

나무는 체격을 키워서 햇빛을 많이 먹는 대신 큰 체격을 유지하느라 에너지도 많이 소모합니다. 유지 비용이 많이 든다는 뜻이죠. 풀은 유지 비용이 적게 드니 적은 햇빛으로도 살 수 있고 해가 덜 비치는 곳에서도 살 수 있고요. 나무는 수명도 길고 씨앗도 많이 만들어서 개체를 번식시키는데 유리한 것 같은데 풀은 세대가 짧기 때문에 일 년에 두 번 세 번도 새롭게 자랄 수 있습니다.

풀과 나무만이 아니라 커다랗게 피는 꽃, 작게 피는 꽃 그리고 이파리를 여러 장 갖고 있는 겹잎식물과 한 장 씩 갖고 있는 홑잎식물, 동물을 이용해 번식하는 열매와 바람을 이용하는 열매, 어느 것을 비교해도 특별하게 유리한 것을 말하기 어렵습니다. 저마다 자기가 원하는 삶을 선택한 거니까요.

자신에게 필요한 장점을 선택하다보면 그에 따른 단점이 있게 마련입니다. 편리함 뒤에는 불편함도 있고요.

숲에서 아이들과 신나게 놀다보면 다치는 일이 생깁니다. 부모님들은 아이가 다치지 않기를 바라요. 그런데 숲은 놀다보면 가시에 찔리거나 나무껍질에 긁히거나 넘어져서 멍이 질 수 있는 곳이에요. 그렇게 다치면서 안 다치는 연습을 하는 겁니다. 숲에서 놀면서 지저분해지거나 다치지 않기를 바라는 것은 욕심이죠. 마음에 드는 것을 선택했을 때 뒤에 따라오는 불편함은 감수하는 수밖에 없어요.

저는 싫어하는 일이 많지는 않은데 가끔 싫은 경험을 합니다. 학창 시절 친하게 지냈던 친구들을 성인이 되어 오랜만에 만나게 돼요. 그 친구들은 각자 직업이 있지요. 그런데 친구들에게 "경택이 너 정말 부럽다. 작가와 강사로 프리랜서의 삶을 사니 얼마나 좋냐. 매일 회사 출퇴근 하느라 미치겠다" 이런 이야기를 흔히 듣습니다.

처음에는 그냥 "그래 고맙다" 하고 넘겼는데 자주 듣다보니 좋지만은 않더군요. 마치 내 삶은 달콤한 일로만 가득하고 자신들의 일은 어려운 걸로만 가득한 것처럼 여기는 것 같아서요.

작가의 삶이 회사원의 삶과 비교했을 때 쉽고 편하지만은 않아요. 만화가는 대부분 '백지 공포'를 갖고 있습니다. 다음 주까지 작품을 마감해야 하는데 하얗게 비어있는 종이를 채우기가 어려운 거죠.

남이 하지 않은 이야기, 사람들이 감동할 이야기를 만들어내서 그리는 게 쉬운 일은 아닙니다. 만화가는 그 일을 쉬지 않고 해야 해요. 주말도 없고, 죽을 때까지 작가 인생을 살아야 합니다.

이제는 저런 말을 들으면 친구에게 이렇게 말해줍니다.

"지금 네 일도 네가 정말 좋아해서 선택한 일이고, 내가 하는 일도 내가 좋아서 선택한 일이야. 부러워할 게 뭐가 있어."

그러면 어떤 친구들은 "난 내가 선택한 게 아니야. 어쩔 수 없이 하게 된 거야. 나는 음악이 하고 싶었는데, 집안도 어렵고 돈을 벌어야 해서 어쩔 수 없이 이 회사에 온 거야"라고 말합니다. 그러면 한마디 더 해주지요.

"돈이 안 되는 음악을 하지 않고 돈을 벌겠다고 그 회사에 들어간 게 너의 선택이야. 부모에게 불효자가 될 수 있었지만 너는 효자를 선택한 거잖아."

우리는 수없이 많은 선택 앞에 놓여 있어요. 예전의 선택을 돌이켜보면 어려서 제대로 선택하지 못 한 것 같지만 그 당시의 나로서는 최선을 다해서 선택한 겁니다. 물론 좀 더 현명하고 후회를 덜 할 선택을 위해 고민하는 것도 필요하지요. 그런데 아무리 내가 고민해서 선택해도 나중에 후회가 되는 일은 반드시 생깁니다. 그러니까 후회하거나 남을 부러워하지 말고 좋은 선택을 하기 위해 노력합시다. 이미 선택했다면 그 선택을 좋아하는 거예요. 혹시 안 좋은 일이 생겨도 내가 선택한 것이니 누구를 원망할 수 없어요. 내 선택은 내가 감당하는 것이니까요.

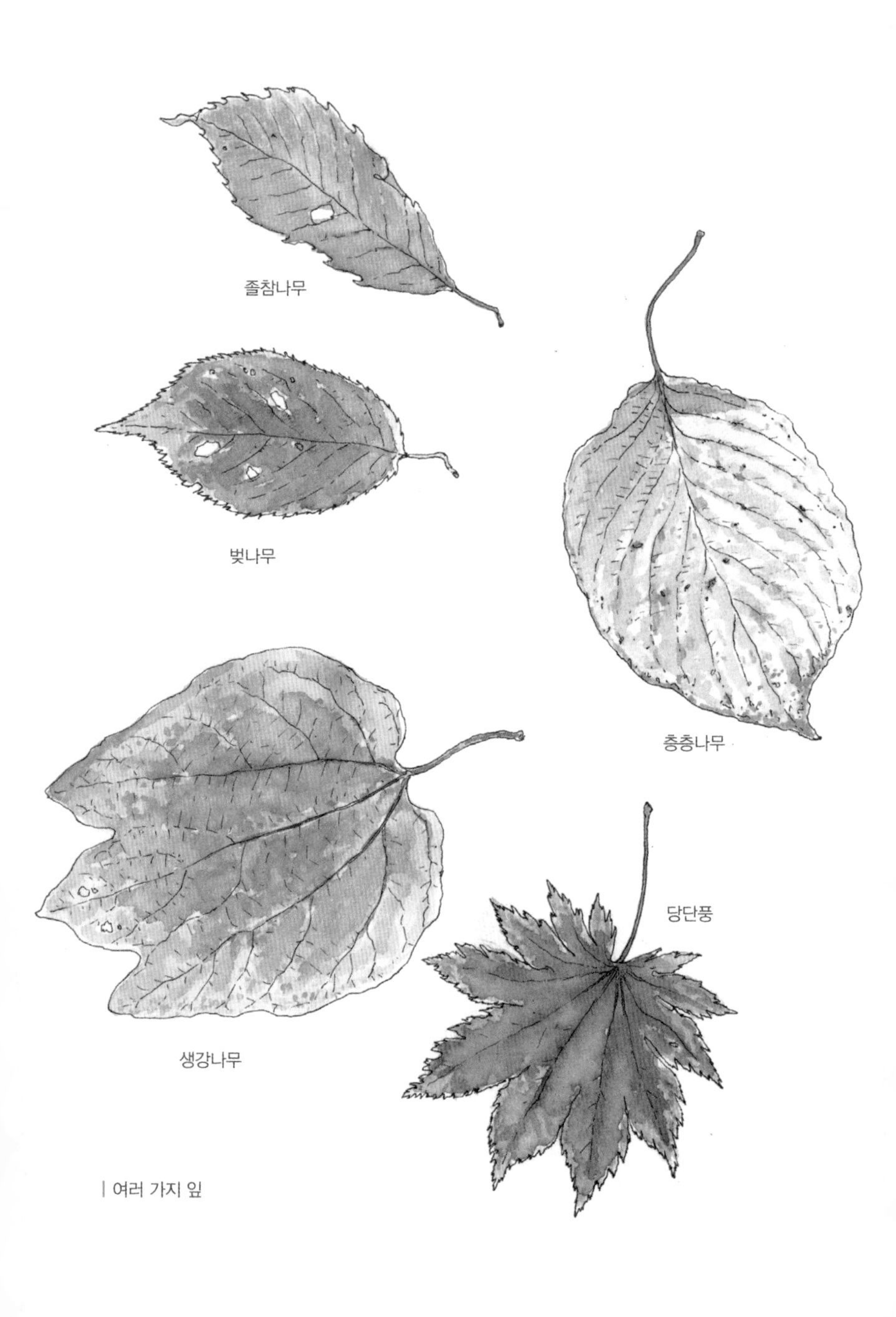

| 여러 가지 잎

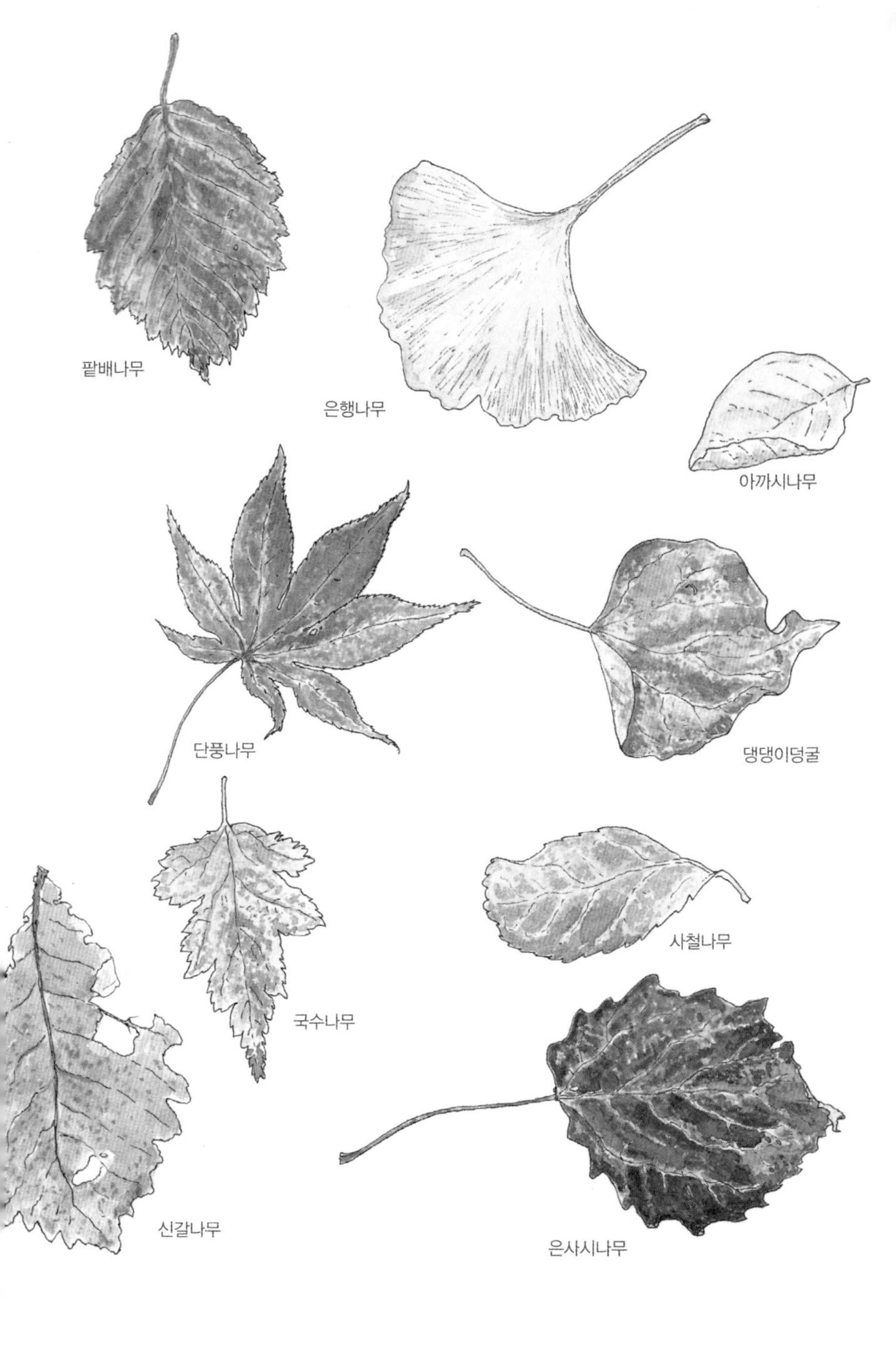

팥배나무
은행나무
아까시나무
단풍나무
댕댕이덩굴
국수나무
사철나무
신갈나무
은사시나무

5장.

잘못된 것을 인정해야 더 잘못되는 것을 막을 수 있다

나이테로 방향을 알 수 있을까?

"산에서 길을 잃으면 어떻게 방향을 찾아갈 수 있을까요?" 하고 물으면 열에 아홉은 "나이테를 보고 찾아갑니다"라고 말합니다.

"그렇다면 어떻게 나이테로 방향을 알 수 있지요?" 하고 다시 물으면 "나이테 간격이 넓은 쪽이 남쪽이고 좁은 쪽이 북쪽입니다"라고 말하지요.

정말로 나이테로 방향을 알 수 있을까요? 그렇지 않습니다. 나이테로는 방향을 알 수가 없어요. 우선 나이테가 무엇인지부터 알아야겠네요. 나무를 톱으로 잘랐을 때 안쪽에 반복해서 나타나는 동심원 무늬 띠가 나이테입니다. 한문으로는 연륜年輪이라고 하지요. 나이가 지긋한 분들에게 연륜이 쌓였다고 말하곤 하죠? 그 연륜이 바로 나이테를 말합니다.

우리가 1년에 한 살씩 나이를 먹듯이 나이테도 1년에 한 개씩 생깁니다. 날씨나 강수량, 병충해 등의 영향으로 나무가 자라는 정도가 다르다 보니 어느 때는 넓고 어느 때는 좁아서 간격에 차이가 생기지요. 나무가 잘 자라면 나이테 간격도 넓고 나무가 조금 자라면 나이테 간격이 좁아요.

나무는 햇빛의 영향을 많이 받기 때문에 햇빛이 잘 비치는 남쪽 부분이 북쪽 부분보다 많이 자랍니다. 그래서 남쪽의 나이테가 폭이 넓어요. 그것을 통해서 방향을 알 수 있다고 하는 거죠. 하지만 이는 광장에 나무 한 그루만 자랄 때의 이야기입니다. 숲속에서는 한 그루만 자라지 않아요. 주변에 빽빽하게 다른 나무들이 자라고 있고, 바위 같은 지형지물이 막고 있다거나 바람이 많이 부는 쪽으로는 나무가 잘 자라지 않습니다. 동서남북 방향과 상관없이 주변의 영향을 받기 때문에 방향을 알 수가 없는 거죠.

'아무리 그래도 나는 나이테로 방향을 알아내고 말겠다'라고 생각한다면 숲에서 유독 혼자만 자라는 나무를 발견하고 그 나무를 잘라야 합니다. 톱을 갖고 다녀야겠군요. 이런 건 아무래도 비현실적이죠. 톱을 챙기느니 나침반을 챙기는 게 더 쉽지요. 그러니 나이테로 방향을 알아낸다는 것은 현실성이 떨어집니다. 실제로 현장에서 길을 잃었을 때 사용하기 어려운 방법이죠. 행여 나이테 간격이 넓은 쪽이 남쪽이라는 사실을 믿고서 우연히 잘린 나무를 발견하고 엉뚱한 방향으로 갈 수도 있습니다. 차라리 몰랐다면 더 나았을 수도 있어요.

그렇다면 숲에서 길을 잃었을 때 방향을 알 수 있는 자연 현상이 있을까요? 간혹 이끼 이야기도 나오는데, 이끼 역시 북쪽에만 분포하는 게 아닙니다. 개울이 있거나 습한 곳은 이끼가 발달하니 역시 방향을 알기 어렵죠. 태양 빛 방향을 보고 알아내는 것 이외에 다른 자연 현상으로 방향을 알아내기는 사실 불가능합니다. 여러 상황을 종합해서 판단하는 게 좋아요.

우리나라의 웬만한 산은 아주 높거나 험하지 않아서 방향을 잃었다면 그냥 등산로나 계곡을 따라 아래로 내려가면 길을 찾을 수 있습니다. 주로 방향을 잃기보다는 길이 아닌 곳으로 가다가 길을 잃는 경우가 더 많아요. 그러니 길이 아닌 곳으로는 가지 않는 게 좋겠지요. 우리나라가 아닌 다른 나라에서도 마찬가지고요.

그렇다면 나이테로 방향을 알 수 없는데도 왜 아직 수많은 자연 탐구책이며 캠핑족들은 나이테 이야기를 믿고 있는 걸까요? 언젠가 어떤 책자나 연구 발표에 남과 북의 방향에 따라 나이테 간격이 다르다는 이야기가 나왔겠지요. 이후 앞뒤 상황을 정확히 알아보지 않고 무조건 나이테로 방향을 알 수 있다고 이야기하기 시작했겠죠.

| 포플러나무 나이테

또 숲에서 길을 잃었을 때도 적용 가능하다고 관련 종사자들이 말했을 테고요.

자연과학에서는 '관찰과 기록'이 중요합니다. 그런데도 누군가 했던 말을 의심 없이 믿고 직접 관찰하지 않다 보니 아직도 많은 사람이 잘못된 이야기를 사실로 알고 있어요.

얼마 전 텔레비전 프로그램에서 유명한 저자가 나와 딸에게 선물해주고 싶은 책을 언급한 적이 있습니다. 그 책은 베스트셀러가 되었고요. 그 정도로 파급력이 강한 분께서 "식물 씨앗에서 어떤 부분이 제일 먼저 돋아나는지 알아요?" 하고 질문하고, 출연진들이 대답을 잘 못 하자 "바로 잎입니다. 잎이 있어야 광합성을 해 뿌리와 줄기, 꽃 등을 만들어냅니다" 하고 말한 적이 있습니다.

많은 사람이 '될성부른 나무는 떡잎부터 알아본다'는 속담 때문에 씨앗에서 잎이 제일 먼저 나오는 줄 알고 있지만, 아닙니다. 뿌리가 제일 먼저 나와서 물과 양분을 빨아들이고 싹을 더 자라게 해 잎도 줄기도 쑥쑥 늘어나게 하지요. 제대로 관찰하지 않고 관념으로 자연을 이해하다 보면 그런 실수를 하게 됩니다. 그런 예가 몇 가지 더 있는데 다음 장에서 한번 알아보도록 할게요.

잘못 알고 있는 자연 상식

자연에 관련된 이야기 중 대부분이 상식이라고 알고 있지만 실상 잘못된 정보가 아주 많아요. 몇 가지 예를 들어볼게요.

사람은 숨을 쉽니다. 나무도 숨을 쉬고요. '사람의 들숨(산소)은 나무의 날숨이고 나무의 들숨(이산화탄소)은 사람의 날숨입니다. 나무와 인간은 서로 호흡을 나누는 사이네요.' 이런 이야기 많이 들어보셨죠?

그런데 사실은 조금 다릅니다. 사람도 나무도 모두 숨을 쉴 때 산소를 들이마시고 내쉴 때는 이산화탄소를 내뿜어요. 나무는 광합성을 할 때 이산화탄소를 빨아들이고 산소를 내뿜지요. 호흡할 때가 아니라 광합성을 할 때입니다.

또 이런 이야기도 들어봤을 거예요. '지구의 산소 중 80%에 가까운 양을 열대우림에서 만들고 있다. 즉 열대우림은 지구의 허파다.' 지구의 산소 중 50%가 넘는 양이 바다에서 만들어집니다. 바다에 사는 식물성플랑크톤이나 남세균류 그리고 김이나 미역 같은 조류들이 광합성을 통해 산소를 만들어내죠. 그 양이 절반을 넘어서기 때문에 열대우림이 생산해내는 양이 80%를 넘을 리는 없습니다.

단풍나무는 씨앗이 '시옷' 자 모양으로 둘이 붙어 있습니다. 그 씨앗이 가을이 되면 프로펠러처럼 날아가는데 둘이 붙어서 날아간다고 알고 있는 경우가 있어요. 저 역시 처음 숲 공부를 할 때 스승에게 그렇게 배웠기 때문에 한동안 그렇다고 알고 있었죠. 그런데 곧바로 숲에 나가 관찰해보니 시옷 자로 붙어있던 씨앗이 한 개씩 떨어져서 제각각 날아가더군요. 여러 책이나 칼럼 등에서 아직도 둘이 붙어서 날아간다고 이야기하는 전문가들도 있던데 하루빨리 바로 잡아야 합니다.

능소화라는 식물이 있습니다. 덩굴나무죠. 꽃이 아주 화려하고 예쁩니다. 그런데 언젠가부터 그 꽃의 꽃가루가 실명하게 한다는 말이 퍼지기 시작했어요. 일반 꽃가루와 달리 갈고리가 달려있어서 눈 점막에 묻으면 흘러내리지 않고 박혀서 안으로 파고들게 된다고 알려져 있죠. 눈을 비비면 더욱더 파고들어서 눈을 멀게 할 수 있다고

| 꽃가루 확대 그림
인터넷으로 확대된 꽃가루 사진을 보니 갈고리가 없다. 게다가 아직까지 실명한 환자도 보고된 적이 없다고 한다. 아무래도 어디선가 시작된 오해인듯하다. 사람이나 식물이나 오해 없이, 편견 없이 보았으면 좋겠다.

| 능소화

요. 조경하는 분들도 자주 제게 물어보셨는데, 전혀 근거 없는 이야기입니다. 누가 퍼뜨린 말인지 몰라도 한동안 숲해설가분들도 그렇게 알고 있었어요. 다른 사람들은 심지 못하게 하려는 의도였을까요? 하여간 사실과 전혀 다르니 맘껏 능소화를 심고 감상하기 바랍니다.

해바라기 꽃은 해를 따라서 움직인다는 말도 틀린 말이에요. 하루에 한 번씩 동에서 서로 왔다 갔다 할 수 있는 식물이 과연 있을까요?

동물 이야기도 잘못 알고 있는 것들이 많습니다. 하루살이라는 곤충이 있지요. 많은 사람이 하루살이를 아침에 태어났다가 저녁에 죽는 곤충으로 알고 있어요. 심지어 하루만 살기 때문에 먹을 이유가 없으니 입이 퇴화한 것을 보고 불쌍히 여깁니다. '하루살이 인생'이라는 말도 있고요. 주로 그날 벌어 그날 먹고사는 사람을 일컫습니다. 하지만 하루살이는 평균 1년(길면 3년)을 애벌레로 물속에서 지냅니다. 어른벌레로 지내는 시간이 대략 하루일뿐이죠. 수명은 어른벌레 때만이 아니라 태어나서부터 따져야 하니 일 년 넘게 사는 셈입니다.

새가 주로 먹는 열매를 살펴보면 앵두, 팥배나무, 가막살나무, 딱총나무, 마가목 등 작고 빨간색이 많습니다. 새가 다른 색깔보다 빨간색을 더 잘 보기 때문이라고 하는 사람도 있는데 사실 좀 달라요. 새는 무슨 색이든 다 잘 봅니다. 눈이 아주 좋거든요.

그렇다면 빨간색 열매를 주로 먹는 이유는 뭘까요? 바로 식물의 열매가 대개 빨갛게 익기 때문입니다. 무슨 말이냐고요? 다른 동물들은 열매가 빨갛게 익어도 색깔이 달라진 것을 알지 못해요. 색맹이거든요. 새는 색맹이 아니기 때문에 열매가 초록색이었다가 빨갛게 익으면 그 변화를 알아챌 수 있어요.

식물 입장에서 열심히 열매를 익혔는데 구별을 못 하면 의미가 없잖아요. 누군가는 변화를 알아채야겠지요? 그게 새입니다. 그래서 새가 먹을 정도로 크기가 작은 열매들은 빨갛게 익는 경우가 많아요.

담쟁이와 포도처럼 까맣게 익어도 새는 구별합니다. 노린재나무처럼 파랗게 익어도 잘 알아채고 먹지요. 안토시아닌 성분이 강할수록 색이 짙어지는데 새들은 건강상의 이유로 색깔이 짙은 것을 오히려 더 선호한다는 연구 결과도 있어요.

곤충은 특이한 눈을 갖고 있습니다. 홑눈과 겹눈인데요. 홑눈은 주로 정수리 부분에 3개 있고, 양옆에 커다랗게 겹눈이 자리합니다. 홑눈들이 수만 개 모여서 겹눈을 만들어내지요. 그 수만 개의 눈으로 사물을 보면 어떻게 보일까요? 수만 개로 보인다고요? 그렇지 않아요. 그냥 사람이 보듯이 본다고 합니다. 그렇다면 굳이 겹눈이 있는 이유가 있을까요? 우리가 카메라로 촬영을 할 때 몇만 화소인지를 따지는 것처럼 곤충의 눈도 그런 역할을 할 거라고 생각합니다.

저 역시도 초창기 숲해설가 시절 선배들의 이야기를 듣고 그대로 수업하면서 위 이야기들을 사실인 양 이야기했습니다. 하지만 제가 사실로 알고 있던 것들이 어느 날 사실이 아닌 것으로 나타났을 때 정말 당황스럽고, 그간 제가 뱉었던 말들을 주워 담고 싶었어요. 하지만 한 번 말한 것을 어떻게 주워 담을 수 있겠어요.

이럴 때는 어떻게 해야 할까요? 모른 체 하고 잘못된 사실을 계속 말하고 다니는 게 좋을까요? 아니면 내가 언제 그랬냐는 듯이 앞서 말했던 것들을 싹 덮어버리고 새로운 사실만 말해야 할까요? 둘 다 아니라고 생각해요. 새로 알게 된 사실을 말하되, 과거에 잘못 일고 이야기했던 것들을 반성하고 바로잡아야 합니다.

솔직히 그러기가 쉽지는 않죠. 지금껏 내가 믿어왔던 사실을 쉽게 부정하기란 어려우니까요. 그래서 자꾸 자기가 알고 있는 게 잘못일 리 없다고 생각하고 잘못되지 않았음을 증명할 근거를 찾으려 노력하기도 하지요. 그런 행동은 에너지를 낭비하는 일입니다.

잘못됨을 알았을 때는 그 즉시 멈추고 원래 자리로 가야 해요. 원래 길을 모르면 그 자리에서 일단 멈추기라도 해야 하고요. 잘못된 것을 알고 있음에도 계속해서 그 길로 가는 것은 결국 내가 가고자 하는 방향에서 점점 멀어질 뿐입니다.

특히 자연에서는 책을 통해서 보는 것, 주변 사람들에게 이야기를 듣는 것 모두 중요하지만, 최종적으로 내가 직접 눈으로 관찰해야 해요. 관찰하고 나서 확신해도 늦지 않아요.

자연에 관한 것만이 아니라 뭐든지 그릇된 방향으로 가지 않으려면 잘 관찰해야 합니다. 잘 관찰하려면 관심을 가져야 하고요. 관심 없는 것은 들여다보지 않게 되기 마련이니까요. 모든 일은 결국 관심에서 시작합니다.

아까시나무는 무죄!

3~4월에 돋아난 연한 잎들은 5월이 되면 넓고 진해집니다. 녹음綠陰이 짙어진다고들 표현하죠. 그럴 때 주변을 둘러보면 주로 흰색 꽃이 많이 핍니다. 흰색 꽃 하면 생각나는 거 있나요? 아마 이 노래는 많이 알 겁니다.

"동구 밖~ 과수원 길~ 아카시아 꽃이 활짝 폈네~ 하이얀 꽃 이파리~ 눈송이처럼 날리네~"

과수원길이라는 노래인데, 노래 가사에 하얀 꽃이 나오죠. 바로 아카시아입니다. 이 외에도 찔레, 산딸기를 비롯한 많은 꽃이 흰색을 띠고 있습니다. 짙은 녹음 속에서 눈에 잘 띄려면 흰색이 유리했겠죠? 꽃 색을 만들어내는 데 에너지도 별로 들지 않고, 여러모로 좋은 선택입니다.

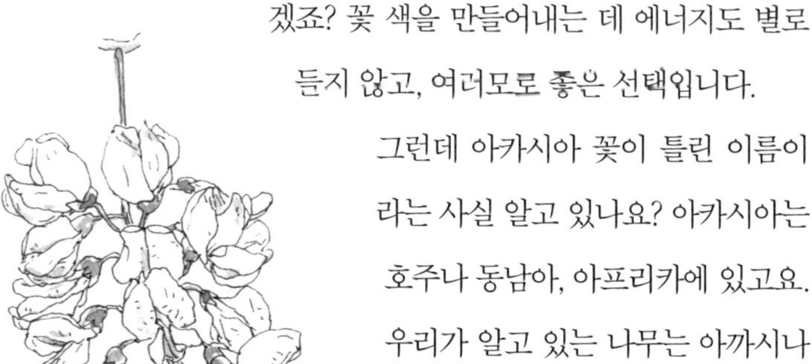

| 아까시나무 꽃

그런데 아카시아 꽃이 틀린 이름이라는 사실 알고 있나요? 아카시아는 호주나 동남아, 아프리카에 있고요. 우리가 알고 있는 나무는 아까시나무입니다. 아카시아와 닮아서 혼동한 건데요. '아까시'가 맞아요. 이 나무에 대해서는 많이들 오해하는데, 사실은 고마운 나무입니다. 어떤 오해가 있는지 아시나요?

일본이 패망하면서 우리나라를 힘들게 하려고 전국 산천에 뿌리고 갔다는 이야기, 목재를 아무 데도 쓸데가 없어서 경제적 가치가 없다는 이야기, 베어내도 계속해서 살아나는 생명력이 질긴 나무라는 이야기, 뿌리가 조상의 무덤을 파고든다는 이야기 등이에요. 아까시나무에 대한 부정적인 이야기들이 참 많네요. 그러나 사실은 좀 다릅니다.

아까시를 한자로 적으면 양괴洋槐, 자괴刺槐, 덕국괴德国槐, 즉 서양회화나무, 가시 있는 회화나무, 독일회화나무라는 뜻입니다. 회화나무하고 비슷하지요. 우리나라에는 1900년대 일제강점기 시대에 경인천도 변에 심을 만한 나무를 초대 총독인 테라우치가 독일 총영사 크루즈에게 상담하니 아까시나무를 추천했답니다.

일본이 처음 심은 것은 맞지만 해방 이후 6.25사변 등을 겪으며 온 국토가 민둥산이 되었지요. 비가 오면 산사태도 많이 나고요. 산사태를 막는 것을 사방砂防사업이라고 해요. 그 일환으로 전국에 아까시나무를 심었습니다.

아까시나무는 뿌리가 얕지만, 옆으로 넓게 퍼지기 때문에 흙을 붙잡고 있는 능력이 좋거든요. 게다가 콩과 식물이라서 뿌리에 뿌리혹박테리아가 있어 공기 중의 질소를 토양 속에 고정해주는 역할을 합니다. 식물에겐 질소가 빼놓을 수 없는 필수 영양소예요. 그러므로 다른 식물들도 덕분에 잘 자랄 수 있지요. 이렇듯 계획하에 전국적으로 심은 것은 일본이 아니고 우리 정부입니다.

그런데 정말로 아까시나무는 경제적인 가치가 없을까요? 실제로는 목재가 고급 소재는 아니지만 단단하고 잘 썩지 않아서 철도 침목이나 울타리를 만들 때 사용하거나 농촌에서 지주목으로 사용하고, 작은 배를 만들거나, 술통 제작이나 가구의 다리 부분 제작에 사용되고 있어요. 무엇보다도 벌꿀 채취로 올리는 소득이 아주 높지요. 연간 1,500억이 넘는다고 합니다. 다 자란 20년생 나무 한 그루에서 일 년 평균 2킬로그램을 딸 수 있다고 해요.

이런 아까시나무에게 경제적 가치가 없다고 할 수 있을까요? 베어내도 계속해서 맹아지가 나오면서 죽지 않는다고 하지만 그건 다른 나무들도 마찬가지입니다. 죽지도 않은 생나무를 베면 그루터기에서 맹아지가 올라와서 새로운 나무로 자라게 됩니다. 농가에서 아까시나무 맹아지를 지주목으로 쓸 요량으로 일부러 자르기도 했다고 해요.

게다가 아까시나무는 수명이 길지 않습니다. 100년도 채 안 돼 죽어요. 태풍이라도 오면 뿌리가 깊지 않아 잘 쓰러지고요. 비 온 뒤 숲에 들어가면 쓰러진 나무 한두 그루를 보게 되는데 대부분 아까시나무입니다. 토양을 비옥하게 해주고 스스로 짧은 생을 마감하는데 미워하고 일부러 베어낼 필요가 있을까요?

이렇게 착한 나무인데 우리나라 사람들은 왜 아까시나무를 미워할까요? 아마도 외래종이라는 이유로 미움 받게 된 것 같습니다. 가만히 생각해보면 우리 주변에 외래종인 것이 많은데 말이죠.

우리가 먹는 쌀도 인도에서 왔고요. 국화인 무궁화도 원산지는 인도입니다. 그런 것들은 너무 오래되어서 토종으로 봐도 된다고요? 토끼풀이나 냉이도 우리나라에 들어온 지는 얼마 안 됩니다. 사람들이 아름답다고 칭찬하며 우리 나무로 여기는 백송도 외래종이에요. 이화여대에 가면 대략 150년쯤 되어 보이는 양버즘나무가 있습니다. 이것 역시 외래종이지요. 백송도 버즘나무도 크고 멋지게 자라 보는 이로 하여금 감동을 주기에는 충분합니다.

어떤 나무는 외래종이지만 멋지다고 하고 어떤 나무는 외래종이라 싫어하는 게 좀 불공평하지 않나요? 외래종 중에서도 특히 일제강점기 때에 들여온 것을 더 싫어하는 경향도 있는 것 같아요. 아무래도 그 시기가 우리 민족에게는 아픈 역사이기 때문에 당시 들여온 나무를 더 싫어하는 것 같습니다.

나무는 그냥 나무입니다. 물론 그 지역의 균형 잡힌 생태계를 위해 조절하거나 관리할 필요는 있지만 정확한 근거 없이 외래종이라는 이유로 무조건 싫어하는 것은 지양해야 할 자세라고 생각해요.

아직도 우리 주변의 다문화 가정을 바라보는 시선이 곱지가 않습니다. 혼혈아를 '튀기'라는 표현을 써가며 멸시하는 눈빛을 보내기 일쑤지요. 세상이 변하는 만큼 다른 것을 수용하거나 포용할 줄 알아야 한다고 생각합니다. 우리가 단일민족이라고 하지만 정말로 그런가요? 그러한 사고가 외부에서 안으로 들어오는 것을 막는 것 같아요. 공동체는 한편으로 외부에서의 침입을 경계하지요. 자기네들끼리 공동체를 형성하고자 하고 더는 추가적인 유입은 원치 않는 폐쇄적인 공동체는 없느니만 못합니다.

생태에는 일면 보수적이고 폐쇄적인 면도 있게 마련이지만, 생명이라는 말로 접근해보면 어떨까요? 멸종위기종인 수달은 보호하고 외래종인 뉴트리아는 죽여서 없애야 한다는 건 너무 매몰차지 않나요? 전체적인 균형을 중시하는 것은 맞으나 사냥을 통해서 개체

수를 줄이는 것은 비인간적인 행동이라고 생각합니다.

이런 사고가 건강한 생태 철학을 해친다고 생각해요. 자연에 존재하는 생명의 신비함과 아름다움을 찬양하면서 한쪽으로는 살생을 마다하지 않는 그런 모습이 참 이중적이에요. 옳으냐 그르냐 하는 논제를 떠나 모든 생명을 사랑하는 마음을 갖는 게 더 시급하다고 생각합니다.

다람쥐가 숲을 가꾼다?

얼마 전 아침 방송을 보다가 조금 황당한 일이 있었습니다. 방송국 게시판에 글을 써야 하나 말아야 하나 고민하다가 주된 주제가 아니라서 그만두었습니다. 한 저명한 교수님께서 나와서 좋은 이야기를 해주시는 프로그램이었는데요. 그날 그분이 하신 이야기는 이렇습니다.

"여러분 안녕하세요. ○○○입니다. 오늘은 꼴찌 만세라는 주제로 이야기 할까 합니다. 우리 사회는 너무 일등만을 좋아합니다. 여러분, 이 사진을 보십시오. 누군가요? 다람쥐입니다. 우리나라에서 가장 많은 나무가 어떤 나무인지 아십니까? 과거엔 소나무였지만 이제는 상수리나무입니다. 이 상수리나무를 가장 많이 심는 게 누군지 아십니까? 바로 다람쥐입니다. 다람쥐는 겨울잠을 자기 위해 먹이를 저장하는 습성이 있는데 굴을 파서 도토리를 묻습니다. 그러다 어디에 묻었는지 까먹어 이듬해 그 자리에서 싹이 돋아서 나무가 되는 겁니다. 만약 다람쥐가 머리가 좋아서 모두 캐 먹어 버렸다면 지금의 숲은 되지 않았을 겁니다. 그러니 머리 나쁜 다람쥐가 우리 숲을 가꾼 것이지요."

대략 이런 이야기를 하셨습니다. 이 교수님 말고도 이렇게 알고 있는 사람들이 아주 많아요. '이 이야기에서 도대체 뭐가 틀린 거지?' 하고 오히려 반문할 수도 있습니다. 크게 두 가지가 틀렸습니다.

우리나라에 가장 많은 나무는 상수리나무가 아니고 신갈나무입니다. 신갈나무 역시 도토리가 열리는 참나무 종류입니다만 상수리보다 더 많은 개체를 차지합니다. 우점종이란 표현을 쓰는데 우리나라 숲의 우점종은 신갈나무입니다.

두 번째는 바로 다람쥐가 아니라 청설모입니다. 다람쥐와 청설모 모두 설치류이고 먹이를 저장하는 습성이 있는 것은 같습니다만 다람쥐는 겨울잠을 자되 중간중간 잠깐씩 깨어납니다. 그리고 도토리를 먹고 다시 잡니다. 그런데 굴이 너무 멀리 있거나 여러 개 있으면 불편하겠지요? 주로 잠자는 주변 굴 안에 아주 많은 양의 도토리를 감춰두고 어디에 묻었는지 헷갈리지 않고 대부분 꺼내 먹습니다.

청설모는 겨울잠을 자지 않습니다. 그리고 도토리를 한군데 묻어두지 않고 조금씩 여러 군데에 묻어둡니다. 한군데 묻었다가 곰이나 멧돼지에게 들키면 모두 빼앗기게 되니 분산 정책을 취하는 거죠. 두 알 세 알씩을 수십 군데에 나눠서 묻어둡니다. 그러다 보니 어디에 묻었는지 깜빡하게 되지요.

즉, 숲을 가꾸는 살림꾼은 다람쥐보다는 청설모가 더 가깝다고 할 수 있습니다. 좋은 일을 청설모보다 다람쥐의 공으로 돌리는 이유도 어쩌면 선입견 때문일 수도 있어요. 청설모는 외래종이고 다람쥐가 토종인 것으로 알고 있다 보니 외래종 청설모가 밉지요. 그래서 청설모가 다람쥐를 잡아먹는다는 이야기도 합니다. 청설모도 토종이에요. 오랜 시간 동안 우리 땅에 살아온 동물입니다. 다람쥐를 잡아먹지도 않고요.

모과나무를 본 적이 있나요? 참외 같이 큰 열매가 달리는 나무인데 가을이 되면 노랗게 익어서 '나무에 달린 참외'라고 해 목과木瓜에서 모과가 되었지요. 모과에 얽힌 재미난 이야기 중 하나는 사람들이 모과를 보면 4번 놀란다는 말입니다. 어째서 4번 놀랄까요?

첫 번째는 꽃이 예쁘게 피어 열매를 기대했더니 열매는 정말 못생겨서 놀란답니다. 두 번째는 열매가 못생겼는데 향이 너무 좋아서 놀란답니다. 세 번째는 향이 너무 좋아서 맛있을 줄 알고 먹었더니 맛이 없어서 놀란답니다. 네 번째는 그냥 먹으면 맛이 없는데 차로

| 모과

만들어 먹으니 향이 좋고 맛나서 놀란답니다.

모과에 대한 칭찬으로 들리네요. 하지만 자세히 보면 그렇지 않습니다. 선입견이 많지요. 꽃을 보고 열매도 예쁠 거라고 미리 짐작하니 못생김에 놀라고, 못생겨서 향도 없을 거라고 생각했는데 향이 좋으니 놀라고. 이게 모두 선입견입니다.

제가 들은 이야기 중에 정말 어이없는 선입견 이야기가 있는데요. 어떤 사람이 군대에 있을 때 전라도 사람이 선임이었는데 엄청나게 맞았답니다. 그래서 다시는 전라도 사람을 상대하지 않기로 했답니다. 이게 얼마나 바보 같은 생각입니까?

저 역시도 이런 선입견에 사로잡힐 때가 있습니다. 대학교 강의 시간에 아주 엉뚱한 행동을 하는 학생이 있었습니다. 수업 중에 대놓고 수업 내용이 별로라고 하거나 그냥 안 듣겠다고 중간에 가버리기도 하고 그러더니 자기가 듣고 싶은 강의가 아니라고 수강 변경을 하겠다고 합니다. 이미 수강 변경 기간이 지났음에도 그런 요구를 해서 학교 측에 말했더니 학교에서는 수강 변경을 받아주지 않는다고 합니다. 결국 그 학생에게 그렇게 전달했더니 자기는 그냥 F 학점을 받겠다고 하고 이후부터는 수업에 오지 않았습니다.

그 기억이 너무 강렬해서 그 학생의 이름을 아직도 외우고 있습니다. 그런데 얼마 전 누군가의 소개로 사람을 한 명 알게 됐는데 그 학생과 이름이 같은 겁니다. 아직 보지도 않았는데 벌써 그 사람에 대한 부정적인 생각이 들려고 하더군요. 그래도 당연히 다른 사람이니 만나보았지요. 만나보니 좋은 분이었습니다. 그렇게 선입견은 깨졌고요. 너무 우습죠?

살면서 이런 일이 대부분 한두 번씩 있을 겁니다. 선입견이란 것은 정말로 바보 같은 거예요. 그렇지만 사람은 감정의 동물이잖아요. 머릿속에 받아들인 정보를 기억하고 있고, 그 정보들을 종합해서 일정한 규칙이나 확률을 계산하며 살고 있으니 좋지 않은 기억이 이후의 다른 일에도 영향을 미칠 수 있습니다. 선입견으로 그 대상이 가진 진짜 이미지를 왜곡하거나 받아들이지 않는 게 위험한 거지요.

친구 관계에서도 오해와 선입견이 생길 수 있습니다. 잘 몰라서 그랬다면 얼른 수정하고 새로운 사실을 받아들이면 됩니다. 잘못된 생각을 감추기 위해 변명거리를 찾거나 심지어 새로운 거짓말을 찾는 것은 최악으로 가는 길입니다. 누구나 실수할 수 있고 오해도 할 수 있습니다. 선입견이나 고집으로 사실을 가로막지 말고, 사실을 알았다면 더 나빠지지 않도록 최대한 빨리 인정하고 받아들이면 됩니다. 변명과 거짓말로 사는 것보다 잘못을 시인하고 솔직하게 사는 게 훨씬 더 편하니까요.

6장.

잘나지 않아도 괜찮아

자연도 실수한다

자연은 완벽하다고 합니다. 우주가 생긴 지도 137억 년이나 되었고 지구 나이도 46억 살이 넘어요. 그 오랜 시간 동안 자연은 끊임없는 변화와 적응을 통해 완벽함을 만들어냈다지요.

태풍이 와서 우리를 힘들게 해도 그 태풍이 없다면 지구 생태계에 오히려 더 많은 문제가 생긴다고 합니다. 태풍도 지구의 뜻인 셈이죠. 한발 떨어져서 생각해보면 이유가 없는 게 없습니다.

그런데 종종 이해할 수 없는 현상을 만나게 됩니다. 11월에 개나리가 피어있는 것을 가끔 봐요. 개나리만이 아니라 산철쭉도, 다른 나무의 꽃들도 제 계절이 아닌데 피어난 것을 가끔 봅니다. 그런 것을 볼 때면 의문이 생기는데 많은 사람이 그런 상황을 만나면 "이 개나리가 필 때도 아닌데 피었네. 미쳤구먼" 합니다. 심지어 자연과 환경 생태를 공부한 분들도 "온난화의 영향으로 계절이 이상해져서 식물이 미친 것이다"라고 표현하곤 합니다. 그런데요. 과연 그게 미친 걸까요?

꽃은 온도와 일조 시간에 맞춰서 핍니다. 겨울눈 상태일 때부터 설계가 되어 있는 거죠. 추운 겨울을 이겨낸 개나리는 자기에게 설정된 온도와 일조 시간 등 꽃 피울 조건이 맞으면 꽃을 피웁니다. 그런데 봄 말고도 일 년에 한 번 더 같은 조건을 경험하게 됩니다. 바로 가을이에요. 주로 11월 즈음입니다. 이때를 봄이라고 착각하고 꽃을 피우기도 하는 거죠. 미쳤다고 하지 말고 착각했다고 하는 게 맞습니다. 착각은 실수인 거죠. 개나리가 실수해서 계절을 착각하고 핀 것입니다.

가만히 생각해보면, 이 세상에 실수하지 않는 존재가 있을까요? 자연도 이렇게 실수하는데 누가 실수를 하지 않을까요? 유전자의 실수로 돌연변이가 나타나고, 그 돌연변이가 유전되면서 당시 생존 조

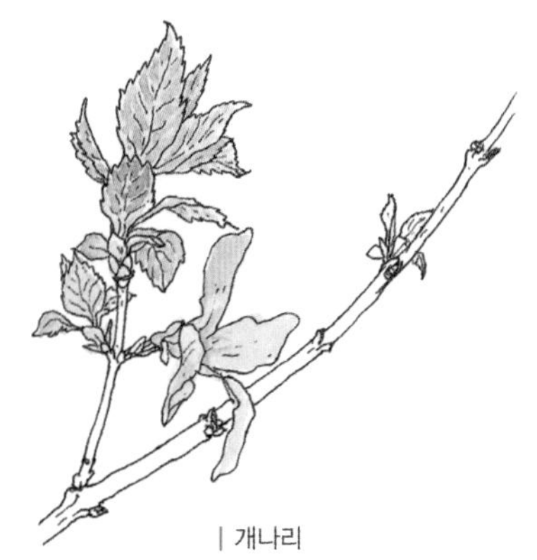
| 개나리

건에 더 잘 맞으면 적자가 되어 살아남기도 하잖아요. 생물은 그런 돌연변이와 적자생존 과정을 반복하면서 진화해 왔고, 우리 인간도 그 결과로 세상에 태어났습니다. 생명은 지금도 끊임없이 진화하고 있어요. 자연은 변하는 환경에 '실수'로 대처를 하는 것입니다. 실수가 있어서 오히려 더 완벽한 존재가 된 것은 아닐까요?

다들 알다시피 위대한 발명품 뒤에는 대부분 실수가 있습니다. 스코틀랜드의 세균학자 알렉산더 플레밍Alexander Fleming의 이야기가 유명합니다. 플레밍은 깔끔한 사람은 아니었나 봐요. 세균 배양 실험을 하면서 그 배양 용기를 바로 씻지 않고 그냥 휴가를 떠났다고 합니다. 휴가에서 돌아와서 보니 다른 배양 용기는 포도상구균이 배양됐는데 다른 접시 하나는 균이 녹아버렸다고 해요. 거기에 곰팡이가 피어있었는데 그게 바로 푸른곰팡이Penicillium(페니실리움)였던 거죠. 거기서 추출해서 만들어진 게 우리가 알고 있는 '페니실린'이라는 항생제입니다.

찰스 굿이어Charles Goodyear라는 사람이 날씨에 민감한 천연고무를 더위나 추위에 강한 합성고무로 만들게 된 과정도 실수가 있었습니다. 굿이어는 연구 도중에 빚으로 감옥 생활까지 했다는데요. 출소하고 화학물질을 생고무에 혼합하는 실험을 계속하다가 어느 날 실험에 쓰던 고무와 황을 섞은 덩어리를 실수로 부엌에 있는 난로에 떨어뜨리게 됩니다. 그런데 고무가 녹지 않고 끈끈한 고무 덩어리로 변했지요. 그렇게 합성고무가 탄생했다고 합니다. 우리가 자주 보는 자동차 타이어를 비롯한 수많은 고무가 대부분 합성고무입니다.

프랑스의 과학자였던 에두아르 베네딕투스Edouard Benedictus는 자동차 사고로 인한 부상자들은 대부분 부서진 유리창에 찔리거나 절단되는 상해를 입는다는 사실을 알게 되고 안전한 유리를 만들고자 합니다. 그러던 중 실험실에 고양이가 들어와서 시험관과 플라스크 등을 모두 넘어뜨려 깨지는 일이 벌어집니다. 그런데 단 하나만 깨지지 않고 금만 간 거예요. 알고 보니 그 플라스크엔 오래전 셀룰로이드 용액을 넣어두었고, 그게 말라붙어서 유리를 깨지지 않게 했던 겁니다. 이에 착안해서 안전유리를 개발하게 되었다고 합니다.

이 외에도 갈릴레오나 뉴턴, 아인슈타인 같은 위대한 과학자들의 수많은 실수를 통해 많은 발견과 발명이 이루어졌어요. 발명왕 에디슨이 만든 수많은 발명품 중에 전구가 가장 유명하죠? 그는 전구 안의 필라멘트를 만들기 위해 1500번이나 실패를 했답니다. 주변에서 1500번이나 실패하고도 포기하지 않는 것에 놀라고 경의를 표했는데 에디슨은 이렇게 말했다지요? "그것들은 실패가 아니라 작동 안 되는 1500가지 경우를 알게 된 거다."

실수 혹은 실패는 우리 주변에 늘 존재합니다. 똑같은 실수나 실패를 하는 것은 되도록 피해야겠지만 한 번쯤은 누구나 실수를 하지요. 자연도 실수하고 위대한 과학자들도 실수하는데 어린아이의 실수, 청소년의 실수에는 좀 관대해질 필요가 있지 않을까요?

어른이라고 실수하지 않는 게 아닙니다. 요새 부모님들은 이런 말을 자주 하시더라고요. "나도 사춘기 아들 가진 부모 역할이 처음이라…." 맞아요. 어른들도 처음 사는 인생이라 어른이 처음이죠. 30살이 처음이고 40살도 처음입니다. 그러다 보면 때때로 실수할 수도 있어요.

특히 무엇보다 나 자신의 실수에 좀 관대해질 필요가 있습니다. 남의 실수에는 관대하고 자기 실수에는 엄격하라는 말도 있는데 꼭 그래야 할까요. 대부분 자기가 한 실수에 더 실망하고 가슴을 치고 요샛말로 '이불킥'을 하며 자책하곤 하잖아요.

저 역시도 다른 실수보다는 제가 잘못 판단해서 벌어진 일, 차를 잘못 타서 지각한 일, 글자를 잘못 읽어서 엉뚱한 곳에 간 일, 미리 확인하지 못해서 강의 날짜를 잘못 안 일 등등 다양한 실수를 하고 그럴 때 실망하고 화도 냅니다.

하지만 시간이 지나니 그럴 이유가 없다는 생각이 들어요. '내 몸의 주인은 난데 내가 나를 용서하지 않으면 누가 용서할까? 이번 한 번만 봐주자' 하고 넘어갑니다. 물론 기억해 두었다가 다시는 같은 실수를 하지 않으려 하지요. 실수를 아예 안 했다는 것은 시도도 안 했다는 말일 수 있습니다. 시도하고 실수하고 그러면서 나아지는 거예요. 그게 더 멋진 인생이라고 생각합니다.

대나무는 풀일까, 나무일까?

제 자랑을 좀 해도 될까요? 저는 어릴 적부터 성실하고 부모님 말씀도 잘 듣는, 누가 봐도 모범적인 아이였습니다. 제 어릴 적 모습을 기억하는 주변 사람들은 모두 제가 공부도 잘하고 착했다고 기억하고 있어요. 그런데 친한 친구들이나 저를 가까이에서 본 가족들은 모범적이면서도 호기심이 많고 다소 엉뚱한 일도 곧잘 했다고 말합니다. 여러분도 제가 엉뚱한지 아닌지 한번 생각해 보세요.

초등학교 졸업 사진을 찍을 때인데 운동장 한가운데 학교를 배경으로 사진을 찍는 중이었습니다. "넌 뒤로 가라" "넌 오른쪽 친구하고 자리 바꾸고" "이쪽은 앉아보자" 이런 식으로 오랜 시간 서서

부자연스럽게 자세를 잡고 서 있는 게 갑자기 싫었어요. "저 안 찍을래요" 하고 그 자리에서 나와버렸지요. "경택이 다시 제자리로 가라" 하고 담임 선생님이 말씀하시는데도 왠지 싫어서 "그냥 저는 안 찍을게요" 하고 운동장 다른 끝으로 걸어갔습니다. 그러자 "경택이 잡아 와!" 하는 담임 선생님의 명령에 친구들이 저를 잡으려고 한바탕 소동이 벌어지고 결국 잡혀서 사진을 찍게 되었어요. 그래서 졸업 사진 속 제 표정은 신경질이 가득하죠.

대학교 다닐 때 일도 하나 기억납니다. 대학교 2학년 무렵 중간고사 기간이었습니다. 평소에는 놀더라도 시험 기간에는 도서관에 처박혀 학점을 위해 열심히 공부해야 할 때죠. 그런데 웬일인지 저는 그날따라 물고기가 궁금했습니다. 더 솔직히 말하면 물고기가 그리고 싶었습니다. 실제 물고기가 없으니 물고기 사진이라도 보고 그리고 싶었어요.

도서관 1층에 가서 물고기 관련 책을 한 권 빌려서 3층으로 올라와 열심히 그리고 있었어요. 그런데 같은 과 동기가 지나가다 저를 보고 "어? 경택이도 왔구나? 이건 무슨 과목이야?" 하고 묻는 거예요. "아무 과목도 아니야"라고 대답했더니 그 친구는 "경택이는 참 특이해" 하고 가더군요.

여러분이 보기에도 특이한가요? '독특하다' '개성 있다' '이상하다' 이런 이야기가 처음에는 그냥 재밌습니다. 그런데 자주 들으면 조금 화가 나요. '도대체 내가 뭐가 이상하다는 거야. 이런 생각도 할 수 있는 거 아닌가?' 이런 생각이 반복되면 세상에 불만도 생기고 좀 억울하기도 하고 사람들 만나기가 겁나기도 하지요. 저 같은 경우는 다른 일을 하면서 대화를 통해 서로 이해하게 되고 스스로 위로도 하게 되었으니 다행입니다.

동료들이 어느 한 사람을 너무 특별하게 대하면 그 사람은 고립될 수가 있어요. 왜 제 주변 친구들은 저를 특이하다고 생각했을까요? 아마도 자신들이 생각하는 어떤 모습에서 조금 벗어난 생각이나 행동을 했기 때문일 거예요. 우리는 자꾸 무엇이든 둘로 나누려고 합니다. 이거냐 저거냐? 옳으냐 그르냐? 세상엔 나뉘지 않는 게 더 많은데도 말이죠.

대나무는 나무일까요? 풀일까요? '나무도 아닌 것이 풀도 아닌 것이' 윤선도도 오우가에서 대나무의 오묘함을 이야기했지요. 아직은 대나무를 풀로 분류하는 학자가 많습니다.

대나무의 생태가 풀의 생태와 비슷하기 때문이죠. 꽃을 피우고 열매를 맺은 후 죽어버리거든요. 나무는 해마다 꽃 피우고 열매 맺기를 반복하면서 수백 년 수천 년을 사는데, 풀은 한해살이 혹은 여러해살이로 나뉘고, 꽃을 피우고 열매를 맺으면 죽어요.

대나무는 짧게는 수년에서 길게는 100년을 사는데, 꽃을 한 번 피우고는 죽어버립니다. 삶이 풀과 더 닮았기에 볏과에 속하는 풀로 분류하는 경우가 많습니다. 하지만 엄연히 나무의 성질도 가졌어요.

대나무는 꽤 단단합니다. 지구상의 나무 중에서 가장 단단하다고 해요. 금속 중에 저탄소강이라고 하는 금속과 강도가 비슷하다고 합니다. 단단하기도 하지만 휘어지는 탄성도 강해서 일상용품에 대나무를 이용한 것이 아주 많아요. 다른 어떤 나무보다 그 쓰임새가 다양해 우리 삶에 깊숙이 들어와 있습니다. 연구 결과에 의하면 다른 나무들에 비해서 광합성량도 아주 많다고 해요. 풀인지 나무인지 명확하지 않지만 어떤 나무와 풀보다도 인간의 삶에 큰 도움을 준다고 할 수 있지요.

은행나무도 바늘잎나무인지 넓은잎나무인지 애매합니다. 이파리의 생김새는 넓은잎나무인데 꽃이나 물관의 특징은 바늘잎나무입니다. 그래서 아직은 바늘잎나무로 보는 견해가 우세합니다. 모든 바늘잎나무는 겉씨식물인데 은행나무 역시 겉씨식물이므로 바늘잎나무 범주에 넣어야 한다는 것이지요. 하지만 최근엔 은행나무 역시 바늘잎도 넓은잎도 아닌 그냥 은행나무로 보자는 의견이 생겼습니다.

식물뿐만 아니라 동물 중에도 헷갈리는 것들이 있습니다. 오리너구리라는 동물이 있지요. 입은 부리로 되어있고 발에는 물갈퀴가 있습니다. 또 알을 낳아요. 여기까지는 영락없는 새의 모습이죠? 하지만 온몸에 깃털 대신 털이 나고, 알에서 나온 새끼에게 젖을 먹여서 키운답니다. 조류인지 포유류인지 구분이 애매하네요.

판다도 얼마 전까지 너구리에 속하는지 곰에 속하는지 갑론을박했습니다. 그러다 아예 판다과가 새로 생겼지요. 이처럼 자연계에도 이것이냐 저것이냐 둘 중에 하나로 나뉘지 않는 게 많습니다.

분류학이란 것 자체가 인간이 학문적인 목적으로 만들어낸 것이다 보니 자연에 있는 것이 모두 딱 맞아떨어지지는 않는 거죠. 그나마 이제라도 꼭 둘로만 나누지 않고 다른 범주를 찾아내고 있으니 다양성이 인정된다고 봐야겠지요? 우리 삶도 꼭 정해진 대로 살 필요는 없습니다. 질서 유지를 위해서 규칙이 필요하긴 하지만 꼭 그대로 지키지는 않아도 됩니다.

아이들하고 숲에서 자연놀이를 하다 보면 제 말을 정말 안 듣습니다. "이렇게 하자" 해도 듣기나 했는지 엉뚱한 것을 하고 있어요. "솔방울을 위로 던지고 잡기 놀이를 할 건데 누가 높이 던지나 해보자"라고 말하면 위로 던지지 않고 저 멀리 휙 던져버리기도 합니다. 제가 제시한 규칙대로 하지 않고 꼭 다른 쪽으로 하는 때가 많죠. 아이들이 왜 규칙을 지키지 않고 제멋대로 엉뚱한 짓을 할까요? 그게 더 재밌기 때문입니다. 재미도 없는데 그렇게 할 리가 없잖아요.

자기는 재미있어서 그렇게 했는데 선생님이 "너 틀렸어!"라고 해버리면 아이는 기운이 빠집니다. 처음에 제시한 규칙을 변형하고 확장해서 새로운 놀이를 만드는 것이 아이다움이고 아이들의 재능입니다.

지금은 현장에 나가서 아이들과 놀 때 저는 한두 가지 제안만 하고 나머지는 전부 아이들이 만들어낸 놀이로 놉니다. 그러다 보면 어느새 3시간이 훌쩍 지나가지요. 기본적으로 제시된 원칙이나 규칙을 지키는 것은 좋지만 그것을 벗어나 다른 것을 하는 것도 인정하고 받아줘야 합니다.

요즘 일 년에 한두 권의 책을 내고 있는데 올해는 이 책까지 해서 세 권이 나오게 됩니다. 주변 사람들은 강의하고 그림도 그리면서 언제 그렇게 책을 쓸 시간이 있냐, 대단하다, 칭찬합니다. 칭찬을 들으면 기분이 좋지요. 그런데 제가 책을 꾸준히 쓸 수 있는 이유는 그분들이 생각하는 방식과 조금 달라요. 아마 작가들이라면 대부분 이렇게 하고 있을 테고 그렇지 않더라도 제 방식을 이해할 겁니다.

저는 동시에 대여섯 권의 책을 씁니다. 평소에 관심이 있고, 세상에 아직 나오지 않았지만 사람들이 필요로 하는 부분이 있으면 그것을 찾아내서 제목을 정하고 대략적인 목차를 잡아놓은 뒤 매일 조금씩 씁니다.

하루하루 만나는 사람도 다르고, 읽는 책이 다르고, 본 영화도 다르니 그날그날 떠오른 영감이나 이야깃거리를 그때그때 쓰는 겁니다. '당장 이 책을 내야지' '이 책에 매달려야지' 하지 않고 여러 책을 동시에 쓰면서 빨리 써지는 책을 먼저 내는 겁니다.

책 읽기도 비슷합니다. 예전에는 책을 사면 첫 장부터 끝장까지

빠짐없이 읽어야 한다고 생각했고, 한 번 읽은 책은 책꽂이에 꽂아 두고 다시는 안 보는 것인 줄 알았습니다. 하지만 이제는 그렇지 않아요. 평소 보고 싶은 책이 있으면 사서 봅니다. 보다가 재미없으면 표시해두고 그냥 덮습니다. 그리고 곧바로 다른 책을 봐요. 그러다 또 다른 책을 보고요. 동시에 여러 권을 봅니다. 이 책 보다 저 책 보다 하면 헛갈리지 않느냐 하지만 오히려 재밌는 경험을 많이 합니다. 앞서 읽은 책에서 나온 어떤 사건이나 인물이 다른 책에서 또 나오고, 그 작가가 다루지 않은 부분을 이 작가는 다루고 있는 경우가 있습니다.

어떤 곤충학자는 이 곤충의 습성을 잘 모르겠다고 하는데 다른 곤충학자는 그건 아는데 역시 다른 곤충의 습성을 모르겠다 합니다. 이렇듯 사람은 한계가 있다 보니 모든 것을 다 알지 못합니다. 또 자신이 알게 된 사실을 정리해서 책으로 내기 때문에 여러 권을 동시에 읽으면 겹치는 부분도 있지만, 작가가 서로 모르는 부분을 나는 알게 되는 일이 생깁니다. 재밌지 않나요?

저는 다양한 분야의 책을 동시에 보고, 또 기억해야 할 것이 있으면 메모해둡니다. 끝까지 다 읽지 않은 책도 많아요. 예전 같으면 비싸게 주고 산 책인데 읽다 말면 아깝다는 생각을 했을 겁니다. 이제는 책의 가격보다 제 시간과 열정이 더 중요하다고 생각해요. 재미없는 일에 열정을 쏟기가 싫어졌어요. 그래서 재미없으면 안 해요. 책 읽기도. 그게 마음도 편하고 다양한 것들도 경험하게 되어서 좋습니다.

다른 일도 마찬가지예요. 우리가 살면서 겪는 여러 분야의 일들에는 기본 원칙이 있지만, 그것을 무시하고 엉뚱한 것을 해도 괜찮습니다. 굳이 규칙을 꼭 지켜야만 하는 것도 아니고요. 특히 자신의 삶 속에서는 더욱 더 그렇죠.

'난 15살 때 변호사가 되고 싶어 했으니 앞으로도 계속 장래희망은 변호사라고 적어야지!' 이렇게 안 해도 됩니다. 장래희망이 변하면 바꿔서 적어도 돼요. 엉뚱하다는 소리를 들어도 내가 하고 싶은 것, 재미있는 것을 하는 게 좋아요. 규칙에 얽매이지 않아도 됩니다.

대나무가 풀이면 어떻고 나무면 어떻습니까? 광합성 해서 산소를 만들어내는 건 같은걸요.

작은 나무가 숲을 구한다

혹시 울진이란 곳에 가본 적이 있나요? 멋진 소나무 숲이 많은 고장인데요. 특히 금강소나무 숲이 유명합니다. 곧게 위로 잘 뻗어 자라는 소나무를 금강송이라고 부르는데 과거에 궁궐 건물을 지을 때 사용된 나무라고 합니다. 최근에도 고궁이나 옛 문화재 등을 복원할 때 사용되는 목재로 알려져 있지요.

그 금강소나무가 우거진 금강송 숲에 가면 이름이 붙은 소나무가 많습니다. 그중에 '장군송'이라는 소나무가 있습니다. 수령도 500살이 넘었고 늠름하니 멋지죠. 그 위로 올라가면 여성스럽다고 느꼈는지 '미인송'이라고 이름 지은 소나무가 나타납니다. 곧게 뻗은 게 잘생겼어요.

재밌는 것은 두 소나무 사이에 '못난이' 소나무가 있습니다. 굳이 못났다고 이름을 지어줄 이유가 있나 싶은데 가지가 한줄기로 곧게 뻗지 않고 여러 줄기로 올라가고 구불구불해서 베어 쓰기 곤란하게 생겼습니다. 저는 이 나무가 재미있어요.

옛날이야기 하나가 떠오릅니다. 소나무가 아니라 가죽나무 이야기인데요. 가죽나무는 쓰임새가 거의 없어서 쓸모없는 나무의 대명사로 여겨졌습니다.《장자》의 인간세편을 보면 '석石'이란 목수가 있었는데 그는 제자에게 가죽나무의 쓸모없음을 말했다고 해요. '가죽나무는 아무리 크고 멋지게 자라도 재목으로 거의 쓸모가 없다. 배를 만들면 가라앉고, 널을 만들면 금방 썩고, 그릇을 만들면 깨지고, 문을 만들면 진이 나오고, 기둥을 세우면 좀이 먹기 때문이다.'

그런데 그날 밤 석石의 꿈에 가죽나무가 나타나서 '아가위, 배, 유자는 열매를 뺏겨 욕을 당한다. 큰 가지는 부러지고 작은 가지는 찢긴다. 능력이 있으면 괴롭다. 나는 쓸모없기를 구한 지 오래다. 쓸모가 있었다면 이렇게 크게 자랄 수 있겠는가?'라고 했다고 합니다. 이에 목수는 무용지용無用之用의 도를 깨달았다고 해요.

'작은 나무가 숲을 살린다'라는 말이 있어요. 무슨 뜻일까요? 숲에는 키가 큰 나무도 있지만 키가 작은 나무도 있지요. 관목이라고 부르는데 우리말로는 떨기나무라고 해요. 떨기나무는 여러 줄기로

| 어린 가죽나무

뻗어 자라기 때문에 여러 개체가 함께 자라면 빽빽하게 우거져요. 그래서 고라니나 토끼 같은 몸집이 작은 동물들이 은신처로 사용하거나 새들이 몸을 숨기거나 둥지를 틀지요. 그런 면에서 생태계를 건강하게 유지해주는 역할을 합니다.

한편으로 산불을 막아내는 효과도 있어요. 거의 해마다 강원도 소나무 숲에서 산불이 났다는 뉴스를 접하게 됩니다. 불에 탄 면적도 상당히 넓어요. 소나무 숲에서 난 산불이 크게 번지는 이유에는 여러 가지가 있습니다. 소나무가 건조하고 송진이 있어서 더 잘 타기도 하죠. 그런데 더 큰 이유가 있어요. 송이버섯을 채취하기 위해 소나무 숲은 다른 나무들이 자라지 못하게 제거를 합니다. 소나무

스스로 타감작용(식물에서 일정한 화학물질이 생성되어 다른 식물의 생존을 막거나 성장을 방해하는 작용)을 해 다른 나무가 못 자라게 하기도 하고요. 그로 인해 소나무 숲은 소나무 이외엔 다른 나무들이 별로 없어서 바람이 잘 통하죠. 그래서 산불이 나면 걷잡을 수 없이 번지게 되는 것입니다. 불난 곳에 산소 공급이 원활하니 아주 잘 타는 거죠.

보통 건강한 숲은 참나무가 많고, 떨기나무나 양치식물, 이끼 등 수분이 많은 식물이 숲을 꽉 메우고 있어서 산불이 나더라도 느리게 번집니다. 건강한 숲이 산불을 예방한다고 할 수 있지요.

건강한 숲에는 키가 작은 떨기나무들이 많으니 앞서 말했듯이 작은 나무가 숲을 지킨다고 말할 수 있습니다. 그렇다고 작은 나무만 있는 게 좋은 건 아닙니다. 작은 나무도 있어야 한다는 말이에요.

건강한 숲은 층이 다양합니다. 나이 든 나무도 있고 어린나무도 있고 키 큰 나무도 있고 키 작은 나무도 있고 풀도 있고 버섯도 있습니다. 그래야 건강한 숲이에요. 그런 숲에 많은 곤충, 개구리들, 포유류들, 맹금류들이 살 수 있어요.

우리가 속해 있는 사회도 마찬가지예요. 학교도 똑같고요. 우리 반 1번부터 끝 번까지 모두가 소중하고 제 역할을 하는 겁니다. 그리고 그럴 수 있게 서로 잘 돕고 배려하면서 지내야 하고요. 다양성이 곧 건강함입니다. 다양한 생각으로 다양한 친구들을 사귀길 바랍니다.

7장.

혼자 사는 생명은 없다

함께 사는 식물과 곤충

세상엔 먹을 게 참 많아요. 빵, 과자, 돈가스, 치킨, 스파게티, 자장면, 밥…. 여러분은 우리가 매일 식탁에서 먹는 음식 대부분이 식물에서 오는 것을 알고 있나요? 빵, 과자, 스파게티, 자장면, 밥은 밀가루나 옥수수, 쌀로 만듭니다. 밀과 옥수수, 쌀은 식물이잖아요. 그러니 식물에서 온 게 맞죠?

돈가스와 치킨은 고기이고, 고기는 동물의 살인데 어떻게 식물에서 온다고 할 수 있을까요? 식물은 생산자이고 동물은 소비자입니다. 동물이 식물을 먹으면서 식물이 만들어낸 양분을 같이 먹는 거죠. 즉 동물의 에너지 근원이 식물이니 동물도 식물에서 온 것이라고 말할 수 있습니다.

이처럼 우리가 먹는 음식 중 꽤 많은 것이 식물의 열매나 씨앗에서 옵니다. 쌀은 벼라는 식물의 열매입니다. 밀가루도 밀이라는 식물의 열매를 빻은 것이고요. 김치에 빠지면 안 되는 고춧가루도 고추라는 식물의 열매지요.

우리가 직접 열매를 먹지 않더라도 열매가 맺히고 또 씨앗이 있어야만 식물이 번식하기 때문에 열매는 아주 중요합니다. 그런데 이 열매가 그냥 만들어지는 게 아니에요. 꽃가루받이를 통해서 꽃의 수술 가루가 암술머리에 앉아야 열매가 맺힙니다. 그 열매가 잘 자라서 성숙하면 안에 있는 씨앗이 밖으로 나오고 다시 새로운 삶을 이어갈 수 있는 거죠.

꽃가루받이를 가능하게 해주는 것이 주로 곤충들입니다. 수많은 곤충이 있고, 그들 대부분이 꽃의 꿀을 먹기 때문에 꽃가루받이에 도움을 많이 줄 수 있습니다.

아인슈타인은 '꿀벌이 사라지면 3년 이내에 인류도 사라질 것이다'라고 말했다고 해요. 지금이야 꿀벌이 사라진다고 해도 저장해놓은 식량이 있기 때문에 3년 정도는 버틸 수 있겠지만 언젠가는 먹을거리가 사라지게 되겠죠. 그 후에는 당연한 순서로 인류가 멸망하고요.

이처럼 우리가 먹고사는 데는 식물이 많은 역할을 합니다. 또 그

식물의 종자를 생산하기 위해 벌과 나비 등 곤충들이 큰 임무를 맡고 있고요. 서로 영향을 주고받으며 돕는 모습 참 멋지지 않나요? 이들처럼 생명을 유지하는 데 서로 필요한 관계끼리 도움을 주고받는 것을 '공생'이라고 합니다.

자연의 세계에만 공생이 있는 것은 아니에요. 우리가 사는 인간 세계도 공생이 가득합니다. 어찌 보면 세상에 존재하는 모든 생물이 공생 관계라고 할 수 있겠네요. 종이를 한 장 꺼내서 적어보면 무슨 말인지 이해가 될 거예요.

자, 오늘 먹은 밥 한 공기를 떠올려 봅시다. 다른 반찬까지 생각하면 종류가 너무 많으니 일단 반찬 생각은 하지 말고요. 우리가 밥 한 공기를 먹을 때 그 밥이 만들어져서 내 앞까지 오게 되는 과정에서 어떤 직업을 가진 사람을 몇 명이나 거치게 될까요? 얼마나 많은 사람이 내 밥 한 그릇과 관계되어 있을까요? 같이 적어봅시다.

우선 밥을 차려준 사람이 있겠죠. 엄마가 밥을 차려줬다고 합시다. 어머니는 쌀이 어디서 나셨을까요? 보통은 사 오셨을 테니 쌀가게 사장님도 연관이 있습니다. 그 사장님은 어디서 쌀을 납품받았을까요? 생산지에서 직접 가져왔을 수도 있고, 중간상인을 거쳤을 수도 있지요. 이때, 쌀을 트럭에 싣고 오지 않았을까요? 그럼 트럭 운전사 분과도 관계되어있습니다. 트럭은 어디서 났을까요? 자동차 판매하는 곳에 가서 사셨겠지요. 자동차는 공장에서 만들어졌을 테고요.

더 깊게 들어가 볼까요? 자동차 부품은 철도 있고 플라스틱, 고무, 유리, 알루미늄 등이 있습니다. 엄청나게 다양한 소재가 사용되지요. 그것들은 저마다 각각의 생산 공장에서 만들어집니다. 그중에 하나만 꼽아보죠. 철은 어디서 왔을까요? 광부들이 탄광에서 철광석을 채굴했겠죠.

아직 끝이 아닙니다. 광부들이 쓰는 곡괭이는 어디서 났을까요? 머리에 쓴 헬멧은? 헤드랜턴은? 입고 있는 옷은? 장갑은? 신발은? 모두 다 각각의 생산 공장이 있겠지요. 그분들이 드시는 간식, 일하며 즐겨 듣는 음악, 납품하면서 사인할 때 쓰는 펜과 종이 등등 더 깊숙이 들어가 보면 밥 한 공기에 관계된 직업들이 쭉쭉 늘어납니다.

처음에는 밥 한 그릇 하면 단순히 벼 농사짓는 농부와 밥솥 만드는 회사만 생각했을지 모르겠지만 좀 더 머리를 굴려보면 우리나라의 모든 직업이 다 관계되어있다고 해도 과언이 아닙니다. 내가 먹는 밥 한 그릇에도 이렇게 많은 사람이 연관되어 있는데, 어떻게 혼자 살아가고, 혼자 모든 것을 다 할 수 있겠어요.

교실에 있는 친구 중 여러분과 친한 친구는 몇 명인가요? 모두와 친하게 지낼 수도 있지만 정말 마음이 잘 맞고 친하게 지내는 친구는 몇 명밖에 없죠. 왠지 그 친구들과는 어른이 되어도 평생 친구가 될 것 같고요. 물론 그럴 수 있습니다. 앞으로도 돈독히 지내면서 어려운 일이 생기면 적극적으로 도와주고, 고민도 들어주고, 우정을 쌓아가면요.

그런데 그렇게 친한 몇 명 말고 나머지 친구들하고는 어떤가요? 나랑 친하지 않으니 관계없고, 그 친구들에게 혹여 나쁜 일이 생겨도 내가 굳이 도와줄 필요는 없는 건가요? 지금 당장 생각하기에는 그 친구들이 나하고 관계가 없는 것 같지만 이 세상 모든 사람은 알고 보면 어떻게든 관계가 얽혀 있습니다.

'케빈 베이컨의 법칙'이라는 게 있어요. 예전에 유행했던 건데, 할리우드의 '케빈 베이컨'이라는 배우와 관계있는 말입니다. 아마 여러분들은 영화 '엑스맨 퍼스트클래스'에서 '쇼우' 역할을 했던 배우로 기억할지도 모르겠네요.

주로 악역을 맡는 배우인데요. 미국의 한 토크쇼에서 케빈 베이컨과 대학생들이 함께 출연해 그가 '신'임을 증명하겠다는 황당한 말로 시작한 일종의 게임입니다.

할리우드의 어떤 배우라도 6단계 안에 케빈과 아는 사이임을 증명하겠다는 내용이었는데, 실제로 관객이 어떤 배우를 말해도 몇 단계 만에 케빈과 아는 사이임이 밝혀졌지요. 이후 많은 사람이 스스로 그 단계를 찾아내는 게임을 하게 되면서 유명해진 말입니다.

사회성이 너무 떨어져서 집에만 있거나, 평소 동선이 규칙적이고 폐쇄적인 사람은 6단계를 넘어서고, 동선이 불규칙적이고 사회활동을 많이 하는 사람은 그 단계가 더 적어지겠죠. 요즘에는 SNS

의 역할로 실제로 그 단계가 더 좁혀졌다고 해요. 이렇듯 우리는 몇 다리만 거치면 모두 다 관계가 있는 겁니다.

어떤 친구랑은 지금은 별로 친하지 않지만 어른이 되어서 사업을 같이할 수도 있고, 누군가는 내 형제의 배우자가 될 수도 있는 거예요. 어떤 일이 벌어질지 아무도 알 수 없습니다. 그러니 나와는 전혀 상관없다고 무시하거나 무관심해지지 말라는 거죠.

애벌레야
고마워

숲에 대해서 잘 모르는 사람도 소풍이나 나들이, 산책을 하면서 숲에 들어서면 행복한 기분을 느낍니다. 저 역시 평소 차분한 성격이지만 가끔 스트레스를 받을 때가 있는데요. 작업이 잘 안 된다거나 며칠 전 들었던 부정적인 이야기가 자꾸 마음에 쓰이면 그냥 뒷산에 갑니다. 사는 동네가 남산 아래쪽이다 보니 남산에 자주 가게 되지요.

일단 길을 나서면 마음이 누그러지고 풀리기도 합니다. 숲에 들어서면 그 향과 분위기에 저절로 마음이 편안해지고 신기하게도 막혔던 생각들이 뚫리곤 해요. 뭐랄까, 몸과 마음이 제 자리를 찾은 느낌이라고 할까요? 다리는 좀 더 힘차게 걷고 있고, 코는 냄새를 더 잘 맡고, 뇌도 집중력이 더 좋아지고, 창의적인 아이디어도 더 솟아 난다고 할까요. 숲에 가면 언제나 이런 느낌이 들었어요.

흔히 이를 삼림욕 효과라고 하는데요. 삼림욕은 숲속에 들어갔을 때 나무들이 내뿜는 방향물질에 의해 상쾌함을 느끼고, 피로 해소나 신경 안정 효과 등이 있는 걸 말해요. 이때 나무에서 나오는 물질을 '피톤치드'라고 부릅니다.

피톤치드는 1937년 러시아의 생화학자 토킨에 의해 명명되었어요. 희랍어로 '식물의'라는 뜻인 'phyton'과 '죽이다'라는 뜻인 'cide'가 합쳐진 합성어입니다. 식물을 죽이는 게 아니고, 식물이 만들어낸 죽이는 물질. 즉 독을 말하는 거겠죠. 누구를 향한 독일까요? 식물들이 막아내고자 하는 게 무엇일까요? 바로 해충, 병원균, 곰팡이 등입니다. 이 중에서 특히 애벌레들을 말합니다.

다른 곤충들이나 초식동물들도 나무나 풀에게는 천적이지만 특히 애벌레들이 제일 경계해야 할 녀석들이죠. 잎을 갉아 먹으니까요. 읽을 갉아 먹어버리면 광합성을 하기 어렵고 꽃도 피우기 힘들고, 열매도 성숙시킬 수 없어요. 그러면 다음 해를 기약하기도 어려워지고요. 광합성을 제대로 잘하기 위해서는 방해꾼인 애벌레들을 막아내야 합니다. 이런 이유로 식물들이 몸에 독물질을 품게 되는 거죠.

혹시 이 세상에서 제일 많이 팔리는 약이 무엇인지 아세요? 아스피린입니다. 하루에 1억 알이 팔린다고 해요. 연간 4만 톤이나 팔리는 거라니 정말 대단하죠. 그 아스피린을 만드는 재료도 식물에서 옵니다. 버드나무 뿌리에서 추출한 성분인데요. 일종의 독이지요.

그런데 이 독이 인간에게는 약으로 작용합니다. 사람의 주식은 식물인데 대개 우리 몸에 좋잖아요. 음식으로 못 고치는 병은 약으로도 못 고친다는 말 들어보셨나요? 음식이 곧 약 역할을 한다는 뜻입니다. 즉 식물이 가진 독이 약 역할을 한다는 뜻이죠.

여러모로 식물이 만든 독은 사람을 건강하게 해줍니다. 그러니 누구에게 감사해야 할까요? 식물? 맞긴 한데, 식물이 왜 그런 독을 만들었는지 떠올려보세요. 바로 애벌레죠. 그러니 우리는 애벌레에게 감사해야 합니다. 애벌레 덕에 식물이 만든 독으로 건강을 유지하고 치유도 하니 얼마나 좋아요.

숲이나 공원을 걷다가 나뭇잎에 앉아있거나 줄기를 기어가는 애벌레를 보면 놀라기보다 "애벌레야 고맙다"라고 해보세요. 숲을 걷다가 만나는 애벌레를 보고 '꺅!' 하고 경악하거나 고함을 지르고, 심지어 막대기로 찔러 죽이는 친구들이 종종 있습니다. 애벌레가 괴롭힌 것도 아닌데, 지레 놀라서 하지 않아도 될 살생을 하는 거죠. 애벌레에 대한 부정적인 생각이 그런 행동까지 하게 합니다.

이제부터라도 애벌레를 좋게 봐주세요. '애벌레 덕분에 이런 독이 만들어졌구나. 그래서 우리 인간도 약을 만들게 되었고, 건강해

| 애벌레
나뭇잎을 갉아먹고 있는 애벌레

질 수 있었어' 하고 말입니다.

애벌레가 자라면 뭐가 되나요? 나비나 나방, 벌, 딱정벌레 같은 어른벌레, 곤충이 되지요. 앞에서도 계속 이야기했지만 그런 곤충들은 식물들과 공생합니다. 꽃가루받이를 해줘서 식물들이 자손을 만들 수 있게 도와준다고 했지요. 식물과 곤충만 공생하는 것이 아니라, 그렇게 해서 만들어진 열매가 결국 사람들에게도 먹을거리가 되는 것이니 역시 고맙죠.

또 곤충들은 거미나 양서류, 새들의 먹이가 되어 생태계 고리가 끊어지지 않게 하는 데도 큰 도움을 줍니다. 미래에는 곤충이 우리 식탁에 오른다고도 하고요. 이미 실험적으로 곤충파이나 곤충스낵 등 다양한 먹을거리가 나오고 있어요. 단백질이 소고기의 5배나 많다고 하네요.

여러모로 고마운 일이 많습니다. 그러니 숲에 들어서면 애벌레에게 고맙다는 인사부터 하면 어떨까요? 이렇게 따져보면 어디 애벌레만 고맙겠어요? 세상에 있는 모든 게 다 고맙죠. 하루를 고맙게 시작하는 사람과 불만으로 시작하는 사람은 하루를 사는 자세가 다릅니다. 그렇게 일 년, 십 년 지나다 보면 인생이 상당히 달라져 있을 거예요. 사소하고 하찮아 보이는 것에도 감사하는 마음을 가져봅시다.

나무는 혼자 자라지 않는다

우리는 키에 관심이 많습니다. 외모가 다가 아니라고 백번 말해도 쉽게 받아들여지지는 않죠. 특히 요즘 사람들은 큰 키에 대한 갈망이 큽니다. 저는 키가 작은 편이에요. 초등학교 때는 육상선수로 대회에 나갈 정도로 달리기도 잘하고 다리가 길었는데, 중학교에 올라가면서부터 다른 친구들이 훨씬 많이 자라서 달리기 선수는 할 수 없게 됐어요. 그래도 여전히 달리기는 좋아합니다.

키가 작은 편이긴 해도 생각보다 많이 자랐어요. 중학교 때보다 고등학교 3년 동안은 10센티가 자랐더라고요. 친구 중에서는 그 사이에 훨씬 많이 자란 녀석들도 있고요. 누군가는 중학교 때 이미 다

커서 요즘 만나면 저보다 작기도 하고, 어떤 친구는 고등학교 3학년 때도 저보다 작았는데 어른이 되어서 10센티나 더 큰 친구도 있어요. 우리는 자라면서 사람에 따라 키가 크기도 작기도 하고, 또 전혀 다른 시기에 키가 훌쩍 자라기도 합니다.

나무도 마찬가지예요. 종마다 다르게 생장하고, 같은 나무라도 자라는 환경에 따라 차이가 있지요. 심지어 한 나무인데도 가지마다 생장 정도가 다르기도 합니다.

나무는 주로 봄에 자랍니다. 봄에 겨울눈에서 새싹이 나오면서 이후에 쑥쑥 자라서 생각보다 많이 자라죠. 자라는 것을 재 볼 수도 있어요. 늦봄 정도에 밖에 30센티 자를 가지고 나가보세요. 그리고 아무 나무나 골라서 가지 끝부분을 봅니다. 자세히 보면 올해 새로 자란 가지가 있고, 원래 있던 가지도 있어요.

어떻게 아냐고요? 갈색에 가까운 어두운색을 띠고 있고, 단단하면 작년에 만들어진 가지입니다. 아직 연두색을 띠고 부드러우면 올해 새로 만들어진 가지고요. 그 부분의 길이를 재보면 나무마다 다릅니다. 같은 나무라도 환경에 따라 다르기도 하고요. 보통 10센티 이상 자라는 경우가 많아요.

사람은 1년에 10센티 자라기가 어려워요. 청소년 시절 1~2년 정도 그렇게 쑥 자라고 이후에는 잘 자라지 않죠. 나무는 매년 큰 변화 없이 쑥쑥 수십 센티씩 자랍니다.

| 백목련 가지
초록색을 띠는 가지가 올해 자라난 가지다.

나무가 자라는데 필요한 것은 뭘까요? 물, 양분, 햇빛이 필요하고 병충해나 산불, 추위, 가뭄, 바람은 피해야겠지요. 나무도 혼자 자라지 않습니다. 주변에 다양한 조건들이 맞아야 잘 자랄 수 있어요.

나무는 해마다 다른 환경에 노출되지요. 그래서 해마다 자라는 양도 조금씩 다릅니다. 그 때문에 나이테도 간격이 저마다 다르죠. 잣나무는 일 년에 한 마디씩 자라기 때문에 나뭇가지가 난 부분을 칸칸이 세면 나이를 알 수 있어요. 그 칸 길이도 해마다 조금씩 차이가 나지요.

앞서 말했듯 자라는데 필요한 여러 가지 환경 요소들이 어떻게 작용하는가에 따라 나무의 생장이 결정됩니다. 환경 요소 말고도 중요한 것은 겨울눈이에요. 봄이 되면 겨울눈에서 새싹이 돋아나면서 나무가 자라거든요. 그러니 겨울눈이 건강하고 튼튼하면 거기서 나온 새싹도 아무래도 더 잘 자라게 됩니다. 즉 주변 환경 요소와 나무 자체의 건강함이 나무의 생장에 영향을 미친다는 거죠.

사람으로 비유하면 자라면서 겪어온 환경과 태어나면서 갖게 된 환경, 둘로 나눌 수 있겠네요. 날씨나 물, 햇빛 같은 것은 자라면서 겪게 되는 환경이고, 겨울눈의 원기는 타고난 환경이라고 할 수 있습니다.

부모님을 잘 만나면 아무래도 여러모로 도움을 받을 수 있잖아요. 그렇다고 부모님을 바꿀 수 있나요? 우리 가족을 다른 가족으로 바꿀 수 있나요? 없지요. 그러니 우리는 환경에 더 관심을 가져야 합니다. 환경은 바꿀 수 있거든요.

우리가 자랄 때 영향을 미치는 주변 환경에는 뭐가 있을까요? 친구, 선생님, 책, 영화 같은 것들입니다. 나무가 자랄 때 혼자 자라는 것이 아니듯 우리 역시 혼자 힘으로는 자라기 어려워요. 처음에는 부모의 도움으로 자라지만 이후에는 주변에 있는 선생님이나 친구들의 도움, 책으로 얻는 경험 등이 우리를 발전할 수 있게 도와줍니다. 그런 것들은 내가 선택할 수 있어요. 바꾸기 어려운 것에 연연하기보다 바꿀 수 있는 것에 관심을 두고 애쓰는 편이 나아요.

예전에 책 읽기를 좋아하는 친구 하나가 저를 위해 책 선물을 하나 주며 그 안에 편지를 써놓았습니다. 그 내용이 저는 아직도 눈앞에 생생해요.

"옜다~! 내가 주는 첫 번째 양분이다. 무럭무럭 자라라!!"

재미있으면서도 비유가 적절하다고 생각해서 웃었습니다.

누구도 혼자 살아갈 수는 없습니다. 여러분도 혹시 힘들거나 도움이 필요하면 친구에게 손을 내밀어보세요. 반대로 도와줘도 되고요. 자신을 둘러싼 수많은 자연환경의 도움으로 자라는 나무처럼요.

덩굴나무는 죄가 없다

우리가 알고 있는 전설이나 신화를 가만히 들여다보면 이야기 안에 담긴 의미 있는 가르침, 교훈이 눈에 띕니다. 콩쥐팥쥐나 흥부와 놀부 같은 이야기를 보면 권선징악勸善懲惡이라는 사람들의 바람이 담겨 있어요. 조금 더 섬세하게 들여다보면 당시 시대상이나 사람들의 사고를 엿볼 수도 있고요.

혹시 강감찬 장군과 칡덩굴 이야기를 아시나요? 낙성대라는 지하철역이 있죠? 여기서 낙성대는 대학 이름이 아니라 지명입니다. 별이 떨어진 곳이어서 낙성대라고 하지요. 강감찬 장군의 출생지입니다. 그래서 그 근처 관악산에는 강감찬 장군 설화가 몇 개 있습니다.

그중 한 가지는 강감찬 장군이 하늘의 벼락방망이를 없애려 산을 오르다 칡덩굴에 걸려 넘어지는 바람에 벼락방망이를 없애지 못했대요. 화가 난 강감찬 장군은 벼락방망이 대신 이 산에 있는 모든 칡을 뿌리째 뽑아 없애버렸다고 합니다. 그래서 지금도 관악산에는 칡이 자라지 않는다고 해요. 실제로 가보면 있긴 하지만요.

비슷한 이야기가 또 있습니다. 경상북도 김천시에 수도암이라는 절이 있는데 그곳에도 칡과 관련된 전설이 있어요. 비로자나불을 옮겨야 하는데 너무 무거워서 옮기지 못하고 있었다지요. 그런데 갑자기 어디서 나타났는지 웬 노승이 너무나 가볍게 비로자나불을 등에 지고 옮겼다고 해요. 다들 놀라고 있는데, 절에 거의 다 와서 그 노승이 칡에 걸려 넘어졌지 뭐예요. 그래서 '앞으로는 이 산에 칡이 자라지 못하게 하라'고 했더니 지금도 절 근처 반경 300미터에는 칡이 없다고 합니다.

이렇게 짧은 이야기에 무슨 의미가 담겨 있냐고요? 간단히 말하면 이 이야기들에는 칡을 싫어하는 우리 정서가 담겨 있어요. 제 생각인데 칡을 싫어하는 후세 사람들이 만들어낸 이야기인 것 같아요. 왜 하필 칡이겠어요. 없어도 된다는 생각이 깔려있는 거죠. 실제로 사람들은 잣나무에 칡덩굴이 올라가고 있으면 그 칡을 제거해야 한다고 생각합니다. 직접 제거하는 사람들도 많이 봤어요.

그런데 왜 굳이 칡을 제거하는 걸까요? 칡은 덩굴나무로서 다른 나무를 감아서 타고 올라갑니다. 그 덩굴나무가 더 자라면 감긴 나무를 죽이게 된다고 하지요. 그래서 칡을 제거해야 한다고 합니다.

그렇다면 다른 나무는 죽으면 안 되고 칡은 죽어도 되는 건가요? 저는 칡을 제거하지 않아야 한다고 생각합니다. 칡도 나무고, 잣나무와 똑같은 생명이에요. 잣나무를 위해 칡을 제거하면 칡은 죽게 되잖아요. 그냥 두면 둘 다 사는데 왜 굳이 사람이 나서서 칡을 제거하는 걸까요?

시간이 지나면 칡이 잣나무를 더 덮게 되고 그러면 잣나무가 언젠가 죽으니까요? 맞습니다. 잣나무가 죽게 될 수도 있어요. 하지만 그런 이유로 우리가 억지로 칡을 제거하면 잣나무를 보호하는 일이 일종의 간섭이 됩니다.

황새가 물고기를 잡아먹으려는데 물고기가 가엾다고 황새에게 빼앗아서 놓아줘야 할까요? 물론 칡이 너무 많아지고 잣나무가 사라지게 되면 조절을 통해 균형을 맞출 필요도 있겠지요. 하지만 칡이 지나치게 많고 잣나무가 약해서 많이 없는 것도 아닙니다. 생태계의 균형을 깰 만큼 두 존재가 강하거나 약하지 않다고 생각해요.

저는 어릴 적 시골에서 자라서인지 칡을 좋아합니다. 칡을 갖고서 할 수 있는 일이 많았거든요. 칡은 밧줄이 됩니다. 어디 묶어놓고 놀기도 하고 간단하게 물건을 묶어서 지고 가거나 이동할 때도 끈 대용으로 많이 썼지요.

어릴 적 부모님께서 산에 나무를 하러 가시면 따라가곤 했는데 제게도 작은 나뭇짐을 만들어줘서 메고 가게 했어요. 그때 칡덩굴을 이용해 멜빵끈처럼 나뭇짐을 묶어주셨죠. 부모님도 커다란 나뭇짐을 묶을 때 주로 칡을 사용하셨고요.

이 밖에도 칡은 생활에 아주 유용한 식물입니다. 옛날 사람들은 갈건葛巾이라고 해서 칡으로 머리에 쓰는 건巾도 만들었어요. 거기에 술을 걸러 먹었다는 이야기도 있고요. 갈포葛布라고 해서 천을 만들기도 했습니다. 그 천으로 만든 옷도 잘 입고 다녔다고 하지요.

요즘에는 칡으로 종이도 만듭니다. 어릴 적 냇가에 가면 종이로 만들기 위해 칡을 담가놓고 있는 것을 자주 보았어요. 어린순은 간식처럼 꺾어서 먹기도 했어요. 칡뿌리를 먹기도 했고요. 시골에서 자란 아이들이라면 칡뿌리 한번쯤은 캐보았을 겁니다.

칡뿌리에는 녹말 성분이 있어서 그것으로 칡냉면 같은 음식을 해 먹기도 하고 갈근탕은 위에도 좋고 감기에도 좋은 약이 되기도 하지요.

이렇듯 칡은 우리에게 많은 도움을 주는 식물입니다. 사람만이 아니라 멧돼지도 칡뿌리를 좋아한다고 해요. 단단한 코로 땅을 파고 칡뿌리를 캐 먹지요.

요즘에는 산에 칡이 별로 없습니다. 칡은 주로 햇빛이 잘 비치는 숲 언저리에 많아요. 봄날 햇살 좋을 때 간혹 멧돼지가 거기까지 내려와서 먹이 활동을 하는 것을 종종 봅니다.

가끔 텔레비전이나 언론 매체에 멧돼지가 민가에 내려와서 사살했다는 보도를 보게 되는데요. 그럴 때마다 우리나라의 숲에 호랑이나 표범 같은 상위 포식자가 없으니 멧돼지가 최고 상위 포식자가 되어 개체 수가 늘어서 민가에 내려온다고 합니다. 실제로 조사한 바에 의하면 지난 10년간 멧돼지 개체 수는 크게 늘지 않았다고 해요. 개체 수 증가보다는 칡뿌리나 도토리 같은 먹을 게 사라지고, 주택가나 경작지가 숲 쪽으로 침범해 들어가기 때문이라고 생각됩니다.

우리는 일상생활에 많은 도움을 주는 식물을 배척하고 미워하는 경우가 종종 있습니다. 담쟁이덩굴, 으름덩굴, 노박덩굴, 다래덩굴, 사위질빵, 청미래덩굴 등등 많은 덩굴류 식물이 다른 나무를 감고 올라간다는 이유로 미움을 많이 받아요.

이런 덩굴 식물들은 어떻게 보면 가엾기도 합니다. 혼자 힘으로 높이 올라갈 수 없거든요. 햇빛을 받아야 광합성을 할 텐데, 흐물거리는 줄기로 어떻게 위로 올라갈 수 있겠어요. 결국 다른 나무에 의지해서 올라가야지요.

오히려 잘못하면 죽음에 이를지도 모르는데, 칡이 올라와도 도망치지 않고 자기 자리를 내주는 잣나무가 참 멋진 것 같습니다.

우리 주변에도 도움이 필요한 사람들이 있습니다. 동작이 좀 느리거나 상대방이 하는 말을 금방 잘 알아듣지 못하거나 선천적으로

약하게 태어나거나 아프게 태어났다고 놀려대거나 무시해서는 안 됩니다. 빠르고 똑똑하고 건강한 우리가 도와주면 되지요. 그러면 그들은 칡덩굴처럼 일어설 수 있습니다. 약한 존재가 편안하게 살아갈 수 있는 사회야말로 모두가 행복하게 살 수 있는 곳이라고 생각해요.

칡이 올라가고 있는 잣나무를 보면 칡을 제거해야겠다고 생각하지 말고 다른 방향으로 생각해보세요. 칡에게 자리를 내주는 잣나무가 멋지다고요. 강자 위주, 있는 사람 위주가 아니라 소수, 약자의 측면에서도 생각하는 여유와 발상이 있으면 좋겠습니다.

8장.

다르게 보기

뽕나무에서 실크로드를 보다

어린 시절 시골에서 살 때는 동네 아이들이 마을을 둘러싼 산 곳곳을 다 알았어요. 무슨 말인가 하면 "잿마당 뱀시암 위에 으름 달렸던데 이제 익었겠다" "저어기 성주골에 가면 감이 막 익고 있을 거야" 이렇게 언제 어디를 가면 뭐가 어떻게 되어 있다는 것을 다 꿰고 있는 거죠. 다른 지역으로 다니기보다 그 동네에서 나고 자라고 여기저기 다니면서 구석구석 알아 온 세월이 십 년이 넘으니 동네에 대해서는 줄줄 꿰는 거죠. '옆집 숟가락 개수도 안다'는 말처럼 그만큼 허물없이 옆집 사람과 잘 지냈다는 뜻도 되고, 오랜 시간을 함께했다는 뜻도 됩니다.

특히 어른이 되어도 기억나는 것은 5월이 되면 앞산에 버찌를 따 먹으러 다녔던 것, 그리고 그 바로 몇 주 뒤 오디를 따 먹으러 다녔던 일입니다. 기억에 남는 것은 다른 이유도 있겠지만 맛있어서 그럴 겁니다. 버찌는 쓴맛도 조금 있는데 오디는 달았어요. 오디를 따먹고 온 날은 입안도 입 주변도 손바닥도 모두 새까맣게 물들어서 돌아옵니다.

팔만대장경 목판을 만든 나무 중 가장 많은 나무가 벚나무입니다. 목재로서 좋기도 하겠지만 주된 이유는 우리 주변에서 쉽게 구할 수 있는 나무여서일 거예요.

어린 시절 열심히 따먹었던 오디가 열리는 나무는 바로 뽕나무입니다. 뽕나무 하면 생각나는 사자성어가 있어요. 상전벽해桑田碧海, 즉 뽕나무밭이 바다가 되었다는 뜻인데 오랜 세월이 흘렀음을 의미하기도 하고 세상이 많이 변했음을 말하기도 합니다. 그런데 왜 하고많은 밭 중에 하필이면 뽕나무밭일까요? 옛날에는 뽕밭이 많았기 때문이에요. 밭이란 밭은 대부분 뽕나무밭이었죠. 누에를 길러야 했거든요. 누에는 왜 기르려는 걸까요? 바로 비단을 얻기 위해서지요. 나라에서도 왕비가 친히 친잠親蠶까지 하면서 장려하던 일이 비단 짜기입니다.

과거에는 비단을 위해서 뽕나무를 많이 심었지만, 요즘엔 다른 재료들로 만든 옷이 많아지고 있어서 뽕나무는 많이 심지 않게 됐어요. 그렇지만 뽕나무는 아무 데서나 잘 자라고 동물들이 오디를 먹고 번식을 잘 시켜줘서 우리나라 어디를 가든 웬만하면 볼 수 있는 나무입니다. 산이 아니라 도심에서도 자주 볼 수 있어요.

역사나 전래문학에서 우리에게 유명한 이야기는 결국 우리가 사는 모습과 관련있어서 우리가 사는 곳에서 흔히 보게 되는 동물이나 식물 이야기가 많아요. 뽕나무는 그런 면에서 우리와 가까운 나무인 거죠. 그래서 오디도 많이 따먹었던 기억이 있는 거고요.

간혹 숲속을 걷다가 뽕나무를 만나면 '예전에 이곳에 민가가 있었나 보다'는 생각이 듭니다. 그러면 어김없이 집터나 수로, 아궁이 등의 흔적이 발견되곤 해요. 물론 큰 뽕나무이거나 뽕나무가 여러 그루 모여 있는 곳이어야 해요. 작은 뽕나무 한두 그루는 그런 흔적을 알려주기엔 미흡합니다. 오히려 그런 뽕나무는 너구리나 새가 퍼뜨린 나무일 가능성이 높지요.

뽕나무를 만나면 오디를 관찰하고 따먹을 생각에 빠지는 것도 좋아요. 그런데 거기서 나아가 누에와 비단을 생각하고 떠올려보는 것은 어떨까요? 그런 생각이 깊이 있는 연상 능력과 뛰어난 통찰력으로 연결됩니다.

거기서 멈추지 않고 비단으로 인해서 생긴 실크로드를 생각해보세요. 그 실크로드를 이용해서 무역했던 수많은 상인, 낙타들까지도 떠올려 보고 그 실크로드를 통해 동서양의 문명이 교류하고 이어지

| 뽕나무
우리나라 어디를 가도 있는 뽕나무.
그만큼 널리 퍼졌고 과거에 뽕나무 농사를 많이 지었다는 뜻이기도 하다.

고 그로 인해 수많은 역사적인 일들이 벌어졌다는 것을 상상해 보세요. 정말 멋지지 않나요?

숲을 걷다 보면 자주 만나는 게 있습니다. 소나무가 있는 곳 바닥을 보면 새우튀김처럼 생긴 부서진 솔방울 조각들을 만나게 됩니다. 그것은 청설모가 먹고 버린 흔적이에요. 관찰력이 좋은 사람은 그런 것을 놓치지 않아요. 더욱이 한번 그렇게 관찰해서 알게 된 사실은 그 효과가 큽니다. 다음에 다른 곳에 갔다가 땅바닥에서 과거에 봤던 갉아먹고 버린 솔방울 흔적을 본다면 굳이 두리번거리지 않아도, 청설모를 못 봤어도 '아 이곳에도 청설모가 살고 있구나!' 하고 생각하게 됩니다. 그것을 유추라고 하죠. 현상만 보는 것이 아니고 그 이면을 보는 것. 그런 능력이 있으면 세상이 더 멋있게 보입니다.

| 청설모가 먹고 버린 잣나무 솔방울

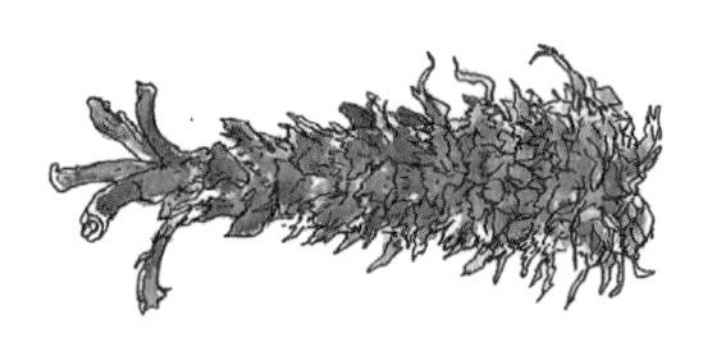

| 먹고 버린 지 며칠이 지나서 갈색으로 변한 솔방울

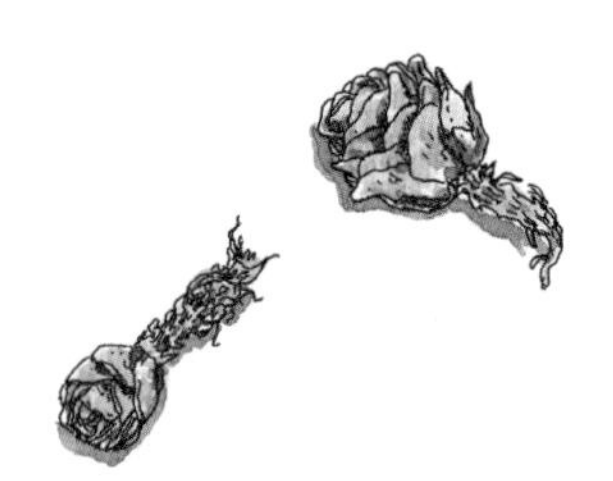

| 늘 솔방울을 먹고 남긴 것만 보았는데 이렇게 잎갈나무 열매도 먹는다는 것을 알았다. 생각해보면 당연한 것인데 눈으로 보지 않았으니 이제야 알게 됐다.

급한 원고를 쓰고 있는데 컴퓨터가 갑자기 먹통이 될 때가 있어요. 전원을 껐다 켰더니 되는가 싶다가 다시 먹통이에요. '시간도 늦었고… 에이 모르겠다. 그냥 자고 내일 아침에 다시 켜봐야겠다.' 그렇게 생각하고 잡니다.

아침에 일어나서 컴퓨터 전원 스위치를 켤 때 조마조마해요. 켰는데 '띠~' 하고 모니터 전원이 들어오고 화면이 정상적으로 켜지면서 컴퓨터가 작동하면 그렇게 기분이 좋을 수 없어요. 분명히 어제 아침엔 아무 생각 없이 컴퓨터를 켰고 감동도 없었는데 오늘 아침엔 제대로 작동되는 이 컴퓨터가 정말 고마워요. 얼른 작업해서 마감하면 기분이 정말 좋지요.

'이게 뭐라고 이렇게 내 기분이 좋은 거지?' 컴퓨터가 작동될 때는 아무런 고마움을 느끼지 못하다가 잘 안 될 때는 참 아쉽고 답답해요. 가만히 생각해보면 세상에 안 그런 것이 없지요.

아침에 문을 열고 나서면 어제 본 세상이 그대로 펼쳐져 있어요. 세상이 망할 수도 있잖아요. 태풍이 몰아치거나 지진이 발생했다면 어떻게 됐을지 모를 일이죠. 이 글을 쓰는 지금도 일본에 태풍이 불어서 몇 명이 사망했느니, 인도네시아에 쓰나미가 생겨서 수천 명이 사고를 당했다느니 하는 뉴스가 흘러나옵니다.

우리의 삶은 어찌 될지 아무도 몰라요. 그러니 정상적으로 별 탈 없이 잘 굴러가고 있음을 감사해야 해요. 아침에 눈을 떴는데 태양이 떠올랐다면 일단 감사하고 시작하면 됩니다. 태양 빛을 먹고 녹색식물이 광합성을 하고 그렇게 만들어진 양분을 다른 동물이 먹고, 광합성 결과로 나온 산소로 우리는 숨을 쉬지요.

태양은 모든 만물을 살아가게 해주는 에너지의 근원입니다. 태양이 뜬 것만으로도 마냥 감사하고 기뻐요. 세상사는 이렇게 아무렇지 않게 생각하면 아무것도 아니고 의미를 두고 바라보면 대단히 멋진 일이 됩니다.

이렇듯 같은 것을 보아도 다르게 보고 다르게 생각하는 게 바로 창의력입니다. 내가 사는 세상을 좀 다르게 바라보는 눈이지요. 그런 눈을 가진 사람은 무엇이든지 새롭고 멋지게 볼 수 있어요.

우리는 뽕나무에서 실크로드를 보고 감탄할 수 있어야 합니다. 꽃 한 송이를 보고 그 꽃이 피기까지 얼마나 많은 생명이 관여했는지를 짐작할 수 있어야 합니다. 내 안에 무궁무진한 가능성을 볼 수 있어야 합니다.

겨울에도 나무는 살아있다

자연을 좋아하는 사람들은 대개 산도 좋아합니다. 산을 좋아하는 사람들이 흔히 듣는 말이 있어요. "내가 제일 이해가 안 가는 사람들이 산에 가는 사람들이야. 어차피 내려올 거 왜 올라가?" 정말 어리석은 말입니다. 마치 '똥 쌀 거 왜 먹어?' '죽을 거 왜 살아?'와 같은 맥락입니다.

산에 올라갈 때의 나와 내려올 때의 나는 다른 사람입니다. 산을 오르는 시간, 과정, 산을 오르며 겪은 일들이 나를 살찌우고 변화시키지요. 무작정 땅만 보면서 올라가 정상만 찍고 내려오는 사람들도 있겠죠. 그런 분들도 어쨌든 운동을 한 셈이라 몸이 건강해지거나 기분이 상쾌해지는 걸 느꼈을 거예요. 그런데 이왕이면 주변을 둘러보면서 동식물들도 살펴보고, 잠시 앉아 명상도 하고, 걸으면서 내면의 목소리도 들어보면 더 좋겠지요.

산에 가는 것을 이해 못한다는 말과 비슷한 이야기가 또 있습니다. "숲은 봄, 여름, 가을은 볼 게 많은데, 겨울에는 볼 게 없어"라는 말입니다. 정말로 겨울 숲은 볼 게 없을까요? 눈 덮인 산도 아름답고, 모든 것을 떨어뜨리고 난 산도 조금 쓸쓸해 보이지만 나름대로 운치가 있습니다.

낙엽 쌓인 길을 바스락거리며 걸어갈 때 잎이 떨어진 나무 사이로 바람 한 자락 불어오면 '휘~' 하는 겨울 소리를 즐기면서 걸을 수 있답니다. 양 볼과 코끝이 땡땡해지면서 쨍하니 추운데, 조금 걷다 보면 몸이 후끈해지고 김이 모락모락 나는 것도 재밌고요.

동물이나 식물을 직접 보기는 힘들겠지만, 그 흔적을 찾는 재미도 있습니다. 또 나무가 겨울을 나는 모습도 저마다 다양하고 새로워요. 나무가 겨울을 난다는 게 좀 이상한가요? 곰이나 다람쥐는 겨울잠을 잔다는 걸 알고 있는데, 나무가 어떻게 겨울을 나는지는 잘 모르지요?

나무는 일단 달고 있던 잎을 떨어뜨립니다. 그리고 쉽니다. 마치 죽은 듯이 쉬어요. 그렇다고 진짜 죽은 것은 아니고요. 이듬해 봄이 오면 새로운 싹이 돋아납니다. 그 싹은 어디서 돋아나는 걸까요? 모든 나무의 새싹은 '겨울눈'에서 시작됩니다.

일반적으로 눈芽, bud은 생장점을 말합니다. 덜 자란 줄기로 보며, 끝에 분열조직이 있어서 세포분열을 하는 기관이지요. 풀과 나무 모두 이런 눈을 갖고 있지만, 겨울눈은 풀에는 없고 나무에게만 있어요.

풀은 어느 정도 자라고 겨울이 되면 줄기가 말라 죽고 이듬해에는 씨앗이나 뿌리에서 새싹이 나옵니다. 나무는 그렇지 않고 한 해 동안 자란 가지의 끝에서 이듬해 새로 자라납니다. 그래서 씨앗을 대신할 것을 만들어야 하죠. 그게 바로 '겨울눈'입니다.

나무의 겉모습은 겨울눈의 위치와 크기, 모양에 따라 달라집니다. 겨울눈이 마주나면 나중에 새싹도 마주나고 가지도 마주나게 자라요. 겨울눈이 커다란 것들은 그 안에 들어있는 게 많다는 뜻이니 잎이 겹잎이거나 꽃이 커다랗지요. 바꾸어 말하면 나무의 미래는 겨울눈을 보면 짐작할 수 있다는 겁니다.

겨울눈은 언제 생길까요? 날 때부터 있습니다. 겨울눈에서 새싹이 나올 때 이미 그 새싹에도 겨울눈이 붙어있어요. 다만 아직은 좀 작습니다. 겨울눈도 꽃이나 열매처럼 성장해요. 봄에는 작지만, 여름이 지나면 제법 통통해지고 가을이 되면 겨울나기 좋게 제 모습을 갖춥니다.

봄부터 있는데 왜 겨울눈이라고 하냐고요? 두 가지 이유에서 겨

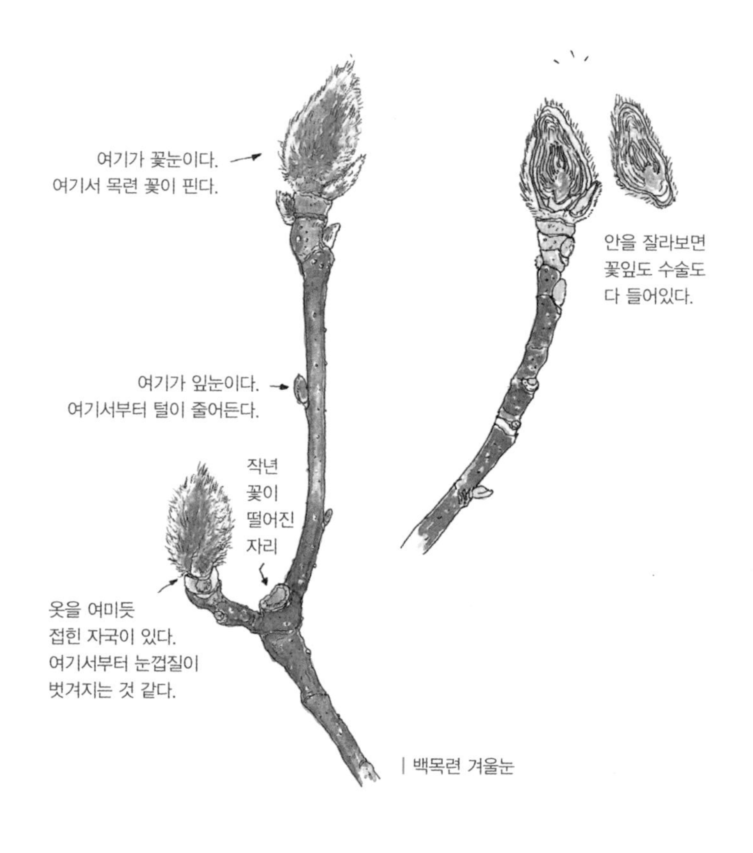

| 백목련 겨울눈

울눈이라고 불러요. 겨울을 나기 때문에 겨울눈이라고도 하고 겨울이 되어서 잎이 지고 나면 그때야 비로소 눈에 띄니 겨울눈이라고 합니다.

겨울눈의 생김새는 나무마다 다릅니다. 겨울눈만 보고도 그 나무의 종류를 알아낼 수 있지요. 꽃과 열매와 같이 형태가 변하지 않는 고유의 식물 모습 중에 하나거든요.

어쨌든 겨울눈은 봄을 준비하는 나무의 모습인 거죠. 내년 봄을 준비한다는 것은 결국 내후년 봄도 준비할 것을 의미하니 결국 평생을 준비하는 것입니다.

겨울눈 말고도 겨울 산에는 눈 속 토끼, 굴속 다람쥐, 땅속 두더지, 낙엽 속 곤충 애벌레들 등 셀 수 없이 많은 생명체가 들어있습니다. 겨울에 숲에 가면 아무것도 없다고 하지 말고 평소 관심 두지 않아서 못 봤던 겨울눈도 보고, 눈에 보이지 않는 수많은 생명의 숨결도 느끼며 산책하면 좋겠습니다.

우리가 사는 세상도 같습니다. 내 눈앞에 보이는 것만이 아니라 눈에 보이지 않는 것도 볼 수 있어야 합니다. 그런 눈을 혜안慧眼이라고 하지요. 자꾸 다른 면을 보고 다른 방식으로도 생각해보면 좋겠습니다. 그렇게 보면 세상이 참 재밌습니다.

균형을 아는 나무

어떤 일을 하다 보면 간혹 '좀 지나쳤나?' 싶을 때가 있습니다. 또 어떤 때는 '좀 모자란 거 아닌가?' 하는 생각도 들 때가 있고요. 생각만으로 그치는 게 아니고 실제로 주변인들이 그렇게 말할 때도 있어요. "경택아, 그때 좀 아쉽다. 좀만 더 했으면 통과됐을 텐데." "처음부터 너무 세게 나갔어. 좀 적당히 하지 그랬냐."

도대체 적당히는 어느 정도일까요? '적당히'라는 게 정확히 50%는 아니잖아요. 어떤 때는 45%가 적당한 것이고 어떨 때는 65%가 적당할 때도 있어요. 균형이라는 말이 정확히 똑 떨어지는 숫자로 절반이 아니기에 우리가 실천하기가 어려운 것이죠.

자연과학만 파지 말고 인문학 공부도 하라고 한다면 자연과학책 5권 인문학책 5권 읽는다고 균형이 맞는 게 아니잖아요. 늘 적당히, 균형 있게, 행동하기란 참 힘든 것 같아요. 또 사람마다 자기에게 맞는 균형이 따로 있는 것 같고요.

숲을 걷다 보면 등산로 양옆에 길 부분의 흙이 깎여서 흘러내린 지점이 있습니다. 그런 부분에는 종종 뿌리가 드러나 있기도 한대요. 땅속에 있어서 거의 보지 못하는 뿌리를 이럴 때 보게 됩니다.

뿌리는 주로 물이나 양분을 흡수하고 나무줄기가 쓰러지지 않게 땅속에 파고 들어가 흙을 붙들고 있고, 만들어낸 양분을 내년을 위해 저장해두는 일을 합니다.

나무마다 잎이나 꽃, 열매, 겨울눈이 다르게 생겼듯이 뿌리도 조금씩 다르게 생겼어요. 우리가 자주 볼 수 없어서 그 차이를 구별하는 게 어려울 뿐이지 형태나 뻗는 방식, 색깔 등이 달라요.

나무뿌리는 얼마만큼 뻗을까요? 나무마다 다르니 정확하게 알 수는 없겠지만 주로 땅 위에 나와 있는 줄기와 이파리를 합친 부분과 큰 차이가 없을 거라고 식물학자들은 이야기합니다. 나무가 크면 뿌리도 깊고 넓게 뻗었을 거라는 거죠. 정확히 똑같지는 않겠지만 비슷하게라도 말입니다.

사실 이게 비슷해야 할 이유가 있답니다. 광합성과 관련이 깊은데요. 광합성을 하는 데는 물도 필요합니다. 뿌리는 물을 빨아들여서 이파리에 보내고 이파리는 광합성을 하고 물을 다시 뿜어냅니다. 밖으로 뿜어낸 물의 양만큼 다시 나무에 물이 들어와야 하겠지요. 그러면 뿌리는 다시 물을 빨아들이는데, 이때 빠져나간 만큼 다시 흡수해야 합니다. 잎이 빨리 많은 물을 뿜어내면 뿌리도 역시 그렇게 해야 하지요. 그러니 산술적으로는 뿜어내는 물의 양과 빨아들인 물의 양이 비슷하다는 겁니다.

그러면 그 기능을 하는 기관의 전체 중량이나 크기도 비슷해야 하지 않을까요? 이런 추측으로 나무뿌리와 줄기의 건중량乾重量(수분을 뺀 생물의 무게)이 비슷하다는 걸 알 수 있습니다. 나무가 가진 균형감이 놀랍네요.

이 외에도 나무는 적당한 때와 적당한 길이, 적당한 양을 압니다. 언제 꽃을 피워야 하는지, 나무줄기가 얼마나 자라야 하는지, 열매는 얼마나 많이 만들어야 하는지 나무는 알고 있어요.

곤충은 온도가 약 14도 정도 되었을 때 잘 날 수 있습니다. 곤충의 도움을 받는 식물은 곤충이 잘 날 수 있는 온도, 즉 봄에서 가을까지 꽃을 피웁니다. 아침에 피는 꽃도 있고, 저녁에 피는 꽃도 있어요. 모두 그때 주로 활동하는 곤충을 이용하기 위함입니다.

나무줄기는 무조건 쭉쭉 자라는 게 아닙니다. 나뭇가지가 굵어지면서 길이도 늘어나는데 대략 나뭇가지의 지름보다 길이가 100배 정도 더 뻗습니다. 예컨대 나뭇가지의 지름이 3센티라면 그 나뭇

| 나무뿌리
등산객들이 하도 밟아서 땅이 유실되어 뿌리가 드러났다.

가지는 3미터 정도 뻗는 거지요. 그 이상 뻗게 되면 무게를 못 이겨 나뭇가지가 찢어질 수도 있습니다. 그렇기 때문에 적정한 무게를 견딜 수 있는 굵기를 유지하는 거죠.

나무는 기본적으로 많은 열매를 매달려고 합니다. 그래야 확률적으로 유리하니까요. 그렇다고 무조건 많은 열매를 매달 수는 없지요. 아이러니하게도 나무의 건강 상태가 좋지 않으면 열매를 더 많이 매단다고 합니다. 곧 죽게 되니 에너지를 모두 짜내서 새로운 삶을 잘 살라고 열매를 많이 만들어내는 거죠. 그러나 나무 열매를 보고 이게 많이 매달고 있는 건지, 조금 매달고 있는 건지 알기는 힘듭니다.

나무는 오랜 시간 숲에 적응하며 살면서 많은 작전을 생각했고, 다양성을 유지하고 있습니다. 그러면서 어떤 것이 확률적으로 살아남기에 좋은지 수많은 경험을 통해 그 적정선을 찾았지요. 나무의 삶에서는 그것이 곧 균형입니다. 나무를 보며 너무 한쪽으로만 치우치지 말고 균형감을 잘 간직하기를 바랍니다.

좋아하는 일을 해야 할까? 잘하는 일을 해야 할까?

제가 다닌 초등학교는 시골에 있는 아주 작은 학교였어요. 모든 학년에 1반만 있었지요. 제가 고등학교에 들어갔을 때 그 초등학교는 폐교가 되었답니다. 지금은 김치 공장이 되어버려서 아쉽지만, 종종 그 곁을 지날 때면 옛날에 자주 올라갔던 느티나무가 그대로 있어서 옛 생각이 나곤 합니다.

저는 어릴 때 꽤 자신만만하고 하고 싶은 것도 많은 아이였어요. 학교가 작다 보니 무엇을 하던 조금만 잘하면 대회를 나가게 됐지요. 제일 좋아한 것은 당연히 그림 그리기였는데, 매년 미술 대회를 나갔습니다.

달리기도 곧잘 했어요. 키는 좀 작았지만 동네에서 매일 달리기 시합을 하고 놀았거든요. 아이들 숫자가 적긴 했지만 제일 잘 달렸어요. 당연히 달리기 대회도 나갔습니다.

수학 경시대회, 모형항공기 날리기 대회 등등 웬만한 대회는 다 나가본 것 같아요. 교내에서도 웅변, 글짓기 등으로 상을 타기도 했고, 노래도 잘 불러서 담임 선생님이 노래를 시키기도 했어요.

그런데 중학생이 되자 고민이 생겼습니다. 주변에 잘하는 게 없어서 고민인 아이들도 많았는데, 저는 잘하는 게 많아서 고민이었어요. '열 가지 재주 있는 사람이 저녁 끼니 걱정한다'는 말처럼 '나는 도대체 무엇을 해야 하나' '그중에 내가 제일 잘하는 게 뭐지?' '내가 제일 좋아하는 게 뭐지?' 아무리 생각해도 결정할 수가 없었어요.

물론 시간이 지나면서 저보다 더 잘 달리는 애들이 생기고, 수학을 훨씬 잘하는 애들도 생기고, 노래를 잘하는 애들도 생겨서 혼란스러운 마음이 하나둘 정리가 되었습니다. 그 와중에 그림은 여전히 제가 제일 잘 그려서 미술부를 하게 되었어요.

미술부를 하면서 저는 세상 사람들이 깜짝 놀랄만한 멋진 그림을 그리는 화가가 되는 꿈을 가졌습니다. 물론 어디까지나 중학생 소년의 생각일 뿐 구체적으로 직업을 생각하고 결정할 시기가 되어서는 대학에 가 공부를 열심히 해서 좋은 직장에 취직하자는 마음이었죠.

대학을 졸업할 무렵, '그래도 정말 내가 좋아하는 일을 해야 하지 않을까?' 하는 고민이 다시 시작되었습니다. 그때야 비로소 지금의 만화가라는 길을 찾게 되었고, 만화를 그리게 된 거지요.

아마 많은 사람이 저와 비슷한 고민을 할 겁니다. 난 무엇을 하고 살아야 하나? 잘하는 일을 해야 하나? 좋아하는 일을 해야 하나? 잘하는 것도 없고 좋아하는 것도 없으면 뭘 해야 하나? 먹고사는 문제를 해결하는 게 우선인 걸까? 설사 굶을지라도 자기가 하고 싶은 일을 하는 게 우선일까? 이런저런 고민이 많을 거라고 생각합니다.

어른이 되어서 이런 고민이 생기면 우선은 먹고사는 것을 해결하는 게 먼저입니다. 내가 내 손으로 일해서 돈을 벌어 밥을 먹고 사는 것을 해결한 이후에 좋아하는 것이나 잘하는 것을 찾아보는 게 순서지요. 벌이가 많든 적든 자기가 스스로 벌어 쓰는 데 의미가 있습니다.

자연으로 시선을 한번 돌려봅시다. 참나무에 열리는 열매를 도토리라고 해요. 그 작은 열매를 한번 보세요. 도토리는 잘하는 것을 할까요? 좋아하는 것을 할까요? 도토리는 참나무의 열매이자 씨앗입니다. 이 씨앗은 2세를 만들기 위한 건데요. 나무들은 무조건 씨앗을 만드는 게 아닙니다. 산불이나 병충해 등 갑작스러운 변화에서도 살아남기 위해서 간격을 벌리는 작전을 쓰거든요. 씨앗을 멀리멀리 보내는 거죠. 그러면 도토리는 어떻게 멀리멀리 갈까요? 도토리는 스스로 데굴데굴 경사지를 굴러서 이동하고 번식합니다.

단풍나무는 어떻게 멀리 갈까요? 단풍 씨앗은 바람에 날려 멀리 가서 번식합니다. 도토리는 단단하고 동그랗게 생겨서 구르는 걸 잘하고, 단풍 씨앗은 날개가 달려있어서 날아가는 것을 잘하지요.

보통 이렇게 알고 있는데, 숲에서 관찰해보면 꼭 그렇지만도 않아요. 가을에 태풍이 와서 센 바람이 불면 도토리는 그 바람에 수십 미터를 날아갑니다. 물에 떨어지면 물을 타고 떠가기도 하고요. 물가에 있는 단풍나무 씨앗은 물에 떨어져 떠내려가요. 어떤 한 가지 방법만 선택하지 않는 거죠.

내가 굴러가는 게 특기라고 해서 굴러가기만 하지 않아요. 구를 만한 상황이면 구르고, 청설모가 저장해서 땅에 묻으면 묻히고, 물에 둥둥 떠서 가기도 하는 겁니다. 스스로 뭔가 생각하고 의도하고 그것을 위해 사는 게 아니라 자신이 처한 상황에 맞게 움직입니다.

여러분이 제게 좋아하는 것을 할까? 잘하는 것을 할까? 묻는다면 "그냥 아무거나 해라"라고 말해주겠습니다. 이거 할까 저거 할까 고민하느니 일단 아무거나 시작하는 게 더 좋아요. 생각을 너무 많이 하는 것도 좋지 않습니다. 눈앞에 보이는 일이 있으면 일단 한번 해보는 거죠. 그 일이 내 적성에 맞을 수도 있잖아요. 안 맞으면 그만두면 되고요.

얼마 전에 숲해설가 한 분과 함께 점심을 먹고 있는데 어디선가 전화가 걸려왔어요. 수업을 해달라는 전화였는데 제가 할 수 있는 수업 같지가 않아서 거절했습니다. 거리도 멀고, 수업 시간도 너무 짧고 담당자분이 원하는 수업 방향과 제가 생각하는 수업 방향이 달랐어요. 그래서 그냥 깔끔하게 안 하겠다고 거절했습니다.

그러자 옆에서 듣고 있던 그분이 하시는 말씀이 "황 선생님이 어쩜 이렇게 행복하게 사시는지 그 비밀을 오늘 알았네요" 하시는 겁니다. 의아해서 "그게 뭐죠?" 하고 물었어요. 그랬더니 "하기 싫은 일을 안 하시네요"라고 말씀하시더라고요.

생각해보니 그 말이 맞아요. 저는 이제껏 억지로 일한 적은 없는 거 같아요. 제가 하기 싫은 일은 돈을 많이 줘도 안 했어요. 하기 싫어하는 일을 안 하는 것만으로도 꽤 행복해질 수 있습니다. 그런데 그때 그분에게 한 가지를 더 말씀드렸습니다.

"제가 행복한 이유를 잘 찾아내셨네요. 그런데 한 가지가 더 있어요."

"어? 그게 뭐죠?"

"싫어하는 일을 안 하는 것도 있지만 일단 하기 시작한 일을 좋아해버리는 거예요."

그래요. 저도 사람인지라 하기 싫은 일은 최대한 안 하려고 합니다. 그런데 어떨 때는 어쩔 수 없어서 수락할 때도 있어요. 그럴 때는 '괜히 수락했네'라고 생각하지 않고 '어차피 하기로 했으니 즐겁게 하자'라고 생각합니다.

저는 어떤 선택을 하게 되면 그 선택을 후회하지 않으려고 합니다. 그래서 여러분에게도 고민하지 말고 그냥 아무거나 하라고 말하는 겁니다.

좋아하는 일을 하는 것도 좋지만 지금 하는 일을 좋아하는 것도 중요합니다. 잘하는 일을 하는 것도 좋지만 지금 하는 일을 바로 포기하지 말고 꾸준히 열심히 해서 잘하면 됩니다. 세상은 살다 보면 여러 가지 변수도 생기고 또 어떻게든 살아지니까요.

모르는 게 있어서 좋다

어느 날 일기예보에서 비가 온다고 해서 우산을 챙겼습니다. 그러나 종일 비는커녕 해만 쨍쨍합니다. 그러면 화가 납니다. 잘못된 일기예보로 공연히 귀찮게 우산만 들고 다니게 됐잖아요. 심지어 지하철에 놓고 내려서 아까운 우산을 잃어버리기도 하고요. 정말 화가 나지요. 몇 십억을 들여서 산 슈퍼컴퓨터가 이렇게 날씨 하나 딱딱 못 맞히니 엉뚱하게 헛돈 썼다고 생각되어서 도대체 우리나라는 국민들이 낸 세금을 제대로 쓰고 있기나 한 건가? 의심하기도 합니다.

그런데 인간이 자연의 변화를 100% 알 수 있을까요? 아니겠지요. 어느 정도는 예측할 수 있지만 실수 없이, 변수 없이 정확하게 맞히기는 어렵습니다.

지구에는 수많은 생명체가 살고 있어요. 그 생명체의 종류가 해마다 늘고 있을까요? 줄고 있을까요? 환경오염이나 도시화, 산업화, 무분별한 개발 논리, 밀렵 등의 원인으로 소중한 생명체들이 멸종했다는 소식을 신문이나 뉴스에서 종종 접하게 되니 언뜻 생각하면 당연히 생명체 종수가 해마다 조금씩 줄어드는 것 같습니다.

하지만 그렇지 않아요. 해마다 동물이며 식물의 종수가 늘어나고 있답니다. 이게 어떻게 된 일일까요? 실제로 없던 생명체가 새로 생겨나는 것일까요? 물론 새로운 종이 생겨나기도 합니다만 그렇게 생겨난 개체보다는 그동안 외면하고 조사를 잘 안 했던 깊은 바다나 땅속을 연구하기 시작한 것, 장비가 발달해서 연구하지 못했던 부분의 연구가 시작된 것, 같은 종이라고 생각했는데 알고 보니 다른 종으로 분류가 된 것들이 생겨나기 때문입니다. 몰랐던 것을 알게 된 것이지요.

그런 경우를 보고서 '한 번 조사할 때 다 조사해서 정확하게 기록해야지 왜 해마다 달라지느냐?'라고 따질 수 있겠지만 그게 쉽지가 않습니다. 우주를 구성하는 물질 중 우리가 모르는 물질이 90%가 넘는다지요? 아는 물질보다 모르는 물질이 훨씬 많아요. 공룡은 왜 멸종했을까요? 소행성 충돌에 의해서 생긴 기후변화로 추측하고 있을 뿐 정확한 이유는 아직도 잘 모릅니다. 자연은 모르는 부분이 더 많고 또 모르는 부분이 있어서 좋아요.

새로운 하루가 되면 어떤 일이 벌어질지 모르니 불안합니다. 내 미래를 알 수 있으면 사고도 막을 수 있고, 선생님이 숙제 검사를 안 할 거란 걸 미리 알면 숙제도 안 했을 텐데요. 알 수 없으니 불안하고 걱정하고 고민하는 거죠.

하지만 나쁜 기억이 없는 아주 깨끗한 '하루'라는 새 페이지가 제공되기도 합니다. 뭔가 모르는 것은 불안함도 주지만 새로움과 설렘도 주지요.

요즘 직업을 선택하라고 하면 공무원이 많다고 해요. 어느 초등학교에서 수업을 하는데 아이들이 제게 "선생님은 어릴 때 꿈이 뭐였어요?"라고 물어서 "너네는 꿈이 뭐야?"라고 되물으니 저마다 큰 소리로 자기가 되고 싶은 것을 말하기 시작했어요.

"야구선수요." "웹툰 작가요." "요리사요." "아이돌이요." "의사요." 모두 목청껏 외치는데 맨 앞에 앉은 한 친구가 조용히 "공무원요"라고 대답하더군요. 초등학교 1학년이 주로 말하는 직업군과 달라 신기해서 "왜 공무원이 되고 싶어?"라고 물으니 그 아이는 너무나도 당연하다는 듯이 "안정적이잖아요"라고 말했습니다.

조금 놀랐어요. 8살 아이의 입에서 안정적이라는 말이 나오다니요. 물론 공무원이 나쁜 직업은 아닙니다. 그리고 그 아이가 안정적이란 말을 한 것도 어쩌면 아이 혼자 생각이 아니라 부모의 영향이 있었을 거예요. 평소 부모님이 "요즘엔 공무원이 최고야. 안정적이잖아" 이렇게 말했을 테죠. 어쨌든 안정적인 것을 추구한다고 하더라고요.

자연은 안정적이지 않습니다. 우리도 안정적이지 않아도 됩니다. 안정적이란 것은 '안전'하고 '편안'하고 '내 생각의 틀 안에서 짐작할 수 있다'는 뜻이기도 하지만 '멈추었다'는 것이고 '고정적'이란 것이고 '변하지 않는다'는 말이고 '발전하지 않는다'는 말이기도 합니다.

인류가 매일매일 새로운 세상을 만들고 변화하고 발전하는 것은 안정적이지 않기 때문입니다. 그렇기에 어딘가에 머무르지 않고 다른 것을 생각해내고 움직이는 것이지요. 자연의 변화와 적응이라는 속성을 닮은 거 같아요.

전체적으로 세상은 공생하고 평화롭고 안정적이지만 그 내부를 들여다보면 다양한 생명체들이 먹고 먹히고 죽고 태어나고 하면서 변화합니다. 오늘은 이랬던 식물이 내일은 저렇고, 지난해는 줄어들던 개체가 올해는 늘어나기도 하고 지구가 점점 더워지는데 어느 해는 추워지기도 하고…. 이렇듯 예측하기 어렵고 잘 모르겠는 것이 자연의 특성입니다.

이런 상황에서 좀 더 정확하고 예측 가능한 시스템을 구축하는 것도 좋은 방법일 수 있습니다. 일기예보를 정확히 맞히는 컴퓨터를 더 큰 돈을 들여서 사는 것도 좋겠죠. 하지만 일기예보가 100% 정확하게 들어맞기를 기대하기보다는 비가 오지 않는데 우산을 갖고 나가서 생기는 허무함이나 화를 만들어내지 않는 게 더 중요해요.

'살다 보면 이럴 수도 있지' 하고 털고 일어나서 다시 걸으면 됩니다. 비에 옷이 젖으면 집에 와서 새 옷으로 갈아입으면 됩니다. 일기예보가 잘못되어서 비를 맞는 게 매일 일어나는 일도 아니잖아요.

모든 것을 다 알려고 하기보다 모르는 게 있을 수 있고 모르는 일로 인해 생긴 피해를 그러려니 넘기는 게 더 현명한 방법입니다. 그런 마음가짐이 이 세상을 머리 아프지 않게 살아가는 방법이에요.

자기가 원하는 대로 자연을 바꾸려고 하거나 바뀌길 기대하지만 말고, 자연의 변화에 그저 몸을 맡기거나 삶을 기대보는 것도 좋습니다.

다음 세대에 전하고 싶은 한 가지는 무엇입니까?

다음 세대를 생각하는 인문교양 시리즈 아우름

01 손잡지 않고 살아남은 생명은 없다 | 최재천
★ 아침독서신문 청소년 추천도서 ★ 청소년 북토큰 도서 ★ 학교도서관저널 추천도서 ★ 세종도서 교양도서

02 사랑할 시간이 그리 많지 않습니다 | 장영희
★ 세종도서 문학나눔 도서

03 왜 주인공은 모두 길을 떠날까? | 신동흔
★ 세종도서 문학나눔 도서 ★ 책따세 추천도서 ★ 도서문화재단 씨앗 주제도서

04 인연이 모여 인생이 된다 | 주철환

05 배움은 어리석을수록 좋다 | 우치다 타츠루
★ 올해의 청소년 교양도서 ★ 청소년 북토큰 도서

06 내가 행복한 곳으로 가라 | 김이재

07 새로운 생각은 받아들이는 힘에서 온다 | 김용택

08 노력은 외롭지 않아 | 마스다 에이지

09 내가 읽은 책이 곧 나의 우주다 | 장석주
★ 아침독서신문 청소년 추천도서 ★ 세종도서 교양도서

10 산도 인생도 내려가는 것이 더 중요하다 | 엄홍길
★ 아침독서신문 청소년 추천도서

11 나는 매일 감동을 만나고 싶다 | 히사이시 조

12 정의, 나만 지키면 손해 아닌가요? | 김경집
★ 올해의 청소년 교양도서 ★ 학교도서관저널 올해의 책 ★ 아침독서신문 청소년 추천도서

13 자신만의 하늘을 가져라 | 강판권

14 내 삶의 길을 누구에게 묻는가? | 백승영

15 옛 거울에 나를 비추다 | 공원국

16 세상은 보이지 않는 끈으로 연결되어 있다 | 최원형
★ 세종도서 교양도서 ★ 환경정의 선정 올해의환경책

17 감정은 언제나 옳다 | 김병수

18 큰 지혜는 어리석은 듯하니 | 김영봉

19 우리는 모두 예술가다 | 한상연

20 인공지능, 아직 쓰지 않은 이야기 | 고다마 아키히코

21 틀려도 좋지 않은가 | 모리 츠요시

22 고운 마음 꽃이 되고 고운 말은 빛이 되고 | 이해인

23 좋은 질문이 좋은 인생을 만든다 | 모기 겐이치로

24 헌법, 우리에게 주어진 놀라운 선물 | 조유진

25 기생충이라고 오해하지 말고 차별하지 말고 | 서민

26 돈과 인생의 진실 | 혼다 켄

27 진실은 유물에 있다 | 강인욱

28 인생이 잘 풀리는 철학적 사고술 | 시라토리 하루히코

29 발견이 전부다 | 권덕형

30 세상이 어떻게 보이세요? | 엄정순

31 상식이 정답은 아니야 | 박현희

32 다르지만 다르지 않습니다 | 류승연

33 잃어버린 지혜, 듣기 | 서정록

34 배우면 나와 세상을 이해하게 됩니다 | 이권우

아우름 시리즈는 계속 출간됩니다.

아우름35

우리 마음속에는 저마다 숲이 있다

1판 1쇄 발행 2018년 12월 26일
1판 5쇄 발행 2022년 10월 17일

지은이 황경택
펴낸이 김성구

콘텐츠본부 고혁 조은아 김초록 이은주 김지용
디자인 이영민
마케팅부 송영우 어찬 김하은
관 리 박현주

펴낸곳 (주)샘터사
등 록 2001년 10월 15일 제1-2923호
주 소 서울시 종로구 창경궁로35길 26 2층 (03076)
전 화 02-763-8965(콘텐츠본부) 02-763-8966(마케팅부)
팩 스 02-3672-1873 **이메일** book@isamtoh.com **홈페이지** www.isamtoh.com

ISBN 978-89-464-2096-0 04080
ISBN 978-89-464-1885-1 04080(세트)

값은 뒤표지에 있습니다.
잘못 만들어진 책은 구입처에서 교환해드립니다.